新概念阅读书坊

SHIJIE YICHANBAIKE

世界遗产百科

主编◎崔钟雷

XINGAINIANYUEDUSHUFANG

吉林美术出版社

图书在版编目（CIP）数据

世界遗产百科 / 崔钟雷主编 . —长春：吉林美术出版社，2011. 2（2023. 6 重印）
（新概念阅读书坊）
ISBN 978-7-5386-5224-6

Ⅰ. ①世… Ⅱ. ①崔… Ⅲ. ①名胜古迹 – 世界 – 青少年读物②自然保护区 – 世界 – 青少年读物
Ⅳ. ① K917-49 ② S759. 991-49

中国版本图书馆 CIP 数据核字（2011）第 015268 号

世界遗产百科

SHIJIE YICHAN BAIKE

出 版 人　华　鹏
策　　划　钟　雷
主　　编　崔钟雷
副 主 编　刘志远　于　佳　芦　岩
责任编辑　栾　云
开　　本　700mm × 1000mm　1/16
印　　张　10
字　　数　120 千字
版　　次　2011 年 2 月第 1 版
印　　次　2023 年 6 月第 4 次印刷
出版发行　吉林美术出版社
地　　址　长春市净月开发区福祉大路 5788 号
　　　　　邮编：130118
网　　址　www. jlmspress. com
印　　刷　北京一鑫印务有限责任公司
书　　号　ISBN 978-7-5386-5224-6
定　　价　39. 80 元

前　言

书，是那寒冷冬日里一缕温暖的阳光；书，是那炎热夏日里一缕凉爽的清风；书，又是那醇美的香茗，令人回味无穷；书，还是那神圣的阶梯，引领人们不断攀登知识之巅；读一本好书，犹如畅饮琼浆玉露，沁人心脾；又如倾听天籁，余音绕梁。

从生机盎然的动植物王国到浩瀚广阔的宇宙空间；从人类古文明的起源探究到21世纪科技腾飞的信息化时代，人类五千年的发展历程积淀了宝贵的文化精粹。青少年是祖国的未来与希望，也是最需要接受全面的知识培养和熏陶的群体。“新概念阅读书坊”系列丛书本着这样的理念带领你一步步踏上那求知的阶梯，打开知识宝库的大门，去领略那五彩缤纷、气象万千的知识世界。

本丛书吸收了前人的成果，集百家之长于一身，是真正针对中国少年儿童的阅读习惯和认知规律而编著的科普类书籍。全面的内容、科学的体例、精美的制作，上千幅精美的图片为中国少年儿童打造出一所没有围墙的校园。

编　者

目 录

亚　洲

欧　洲

大洋洲

世界遗产概述

SHIJIE YICHAN GAISHU

世界文化遗产评选机构与入选标准

世界文化遗产属于世界遗产范畴，它的全称是“世界文化和自然遗产”。1972年，联合国教科文组织在巴黎通过了《保护世界文化和自然遗产公约》，并建立了联合国教科文组织世界遗产委员会，委员会的宗旨在于加强各国和各国人民之间的合作，进而保护和重建全人类共同的文化遗产。

一、联合国教科文组织及其主要任务

联合国教科文组织世界遗产委员会是政府间的合作组织，由21个成员国构成。委员会每年召开一次会议，会议的内容主要是决定哪些遗产可以录入《世界遗产名录》，并对已列入《世界遗产名录》的世界遗产的保护工作进行监督和指导。世界遗产委员会主席团由7名成员构成，委员会主席团每年举行两次会议。世界遗产委员会承担的主要任务有四项：

1. 选择录入《世界遗产名录》的文化和自然遗产地区时，负有对世界遗产进行定义和解释的责任；

2. 审查世界遗产保护状况报告。当名录中的遗产没有得到恰当的处理和保护时，该委员会有权让缔约国采取特别性保护措施；

3. 经过与有关缔约国协商，该委员会可以做出决定，把濒危遗产列入《濒危世界遗产名录》

4. 管理世界遗产基金(即保护世界文化和自然遗产基金)。对为保护遗产而申请援助的国家给予技术和财力上的援助。

二、世界遗产的概念和种类

世界遗产公约的标志是一个正方形和圆形的组合，它代表着文化遗产与自然遗产之间相互依存的关系。中央的正方形代表人类的创造，圆圈代表大自然，两者密切相连。整个外围标志呈圆形，既象征全世界，也是要进行全面保护的象征。

世界遗产分为：自然遗产、文化遗产、自然遗产与文化遗产混合体（即双重遗产）和文化景观以及近年才设立的非物质遗产等五类。

文化遗产：

《保护世界文化和自然遗产公约》规定，属于下列各类内容之一者，可列为文化遗产，包括文物、建筑群、遗址。其中：

文物是指从历史、艺术或科学角度看，具有突出、普遍价值的建筑物、雕刻和绘画，或者具有考古意义的成分或结构的铭文、洞穴、住区及各类文物的综合体；

建筑群是指从历史、艺术或科学角度看，由于建筑的形式、整体性及其在景观中的地位而具有突出、普遍价值的单独或相互联系的建筑群体；

遗址是指从历史、美学、人种学或人类学角度来看，具有突出、普遍价值的人造工程或人与自然的共同杰作以及考古遗址地带。

凡是提名列入《世界遗产名录》的文化遗产项目，必须符合下列一项或几项标准方可获得批准：

1. 是否代表一种独特的艺术成就，一种创造性的天才杰作；

2. 是否能在一定时期内或世界某一文化区域内，对建筑艺术、纪念物艺术、城镇规划或景观设计方面的发展产生重大影响；

3. 是否能为一种已消逝的文明或文化传统提供一种独特的至少是特殊的见证；

4. 是否可作为一种建筑、建筑群或景观的杰出范例，昭示出人类历史上的一个（或几个）重要阶段；

5. 是否可作为传统的人类居住地或使用地的杰出范例，代表一种（或几种）文化，尤其在不可逆转的变化的影响下变得易于损坏；

6. 是否与具有特殊普遍意义的事件有直接或实质的联系，或是否与现行传统、思想、信仰、文学艺术作品有直接或实质的联系。

世界自然及非物质遗产简介

在地球这颗蓝色的星球上，伫立着无数大自然造就的天然奇观。在人们的眼中，只要是那种出自非人工建筑所形成的自然奇景似乎都可以称为自然遗产。经过科学家的一致评判，列为世界自然遗产必须要满足相应条件方可获得认证。

《保护世界文化和自然遗产公约》给自然遗产所下的定义是指符合下列规定之一者（即分别从三个角度来总结自然遗产）：

从美学或科学角度看，具有突出、普遍价值的由地质和生物结构或这类结构群组成的自然面貌；

从科学或保护角度看，具有突出、普遍价值的地质和自然地理结构以及明确划定的濒危动植物物种生态区；

从科学、保护或自然美角度看，具有突出、普遍价值的天然名胜或明确划定的自然地带。

列入《世界遗产名录》的自然遗产项目必须符合下列一项或几项标准才能获得批准：

1. 遗产必须构成代表地球演化史中重要阶段的突出例证；

2. 遗产必须构成代表进行中的重要地质过程、生物进化过程，以及人类与自然环境相互关系的突出例证；

3. 自然遗产必须是独特、稀有或绝妙的自然现象、地貌或具有极其少见的自然美的地带；

4. 自然遗产也可以是尚存的珍稀或濒危动植物物种的栖息地。

文化景观是1992年12月在美国圣菲召开的联合国教科文组织世界遗产委员会第16届会议时提出并纳入《世界遗产名录》中的。文化景观是指《保护世界文化和自然遗产公约》中第一条所阐释的"自然与人类的共同作品"。文化景观的选择应根据它们自身的突出、普遍的价值，还要根据文化景观明确划定的地理—文化区域的代表性及其体现此类区域的基本而具有独特文化因素的能力。文化景观通常体现持久的土地使用的现代化技术及保持或提高景观的自然价值，对文化景观的保护有助于保护生物多样性。一般来说，文化景观有以下几种类型：

由人类有意设计和建筑的景观。这些景观包括出于美学原因建造的园林和公园景观。景观经常（但并不总是）与宗教或其他纪念性建筑物或建筑群有关联。

有机进化的景观。它是为了满足最初始的一种社会、经济、行政以及宗教的需要而产生的，并通过与周围自然环境的相互联系或相互适应而发展到目前的形式。有机进化的景观还包括两种类别：一是残遗物（或化石）景观，代表着一种过去某段时间内已经结束的进化过程，有的是突发的，有的是渐进的。它们之所以具有突出、普遍价值，还在于显著特点已然体现在实物上。二是持续性景观，所谓持续性景观是指在当今与传统生活方式相联系的社会中，保持一种积极的社会作用，而且其自身进化过程仍在进行之中，同时又展示了历史上其演变发展的物证。

关联性文化景观。这类景观之所以列入《世界遗产名录》，以与自然因素、强烈的宗教、艺术或文化相联系为特征，而不是以文化物证为特征。目前，列入《世界遗产名录》的文化景观还不多，庐山风景名胜区是我国"世界遗产"中唯一的文化景观。此外，列入《世界遗产名录》的古迹遗址、自然景观如果受到某种严重的毁坏和威胁，经过世界遗产委员会调查和审议，可列入《濒危世界遗产名录》，以待采取紧急抢救措施。

非物质文化遗产指来自某一文化社区的全部创作，这些创作以传统为依据、由某一群体或某一些个体所表达并被社会认为是符合社区期望的作为其文化和社会特性的表达形式、准则和价值，并通过模仿或其他方式口头相传。它的形式包括：语言、文学、音乐、舞蹈、游戏、神话、礼仪、习惯、手工艺、建筑及其他艺术。我国的昆曲和古琴已经作为非物质文化遗产列入《世界遗产名录》。

非 洲

FEI ZHOU

开罗伊斯兰教老城

开罗伊斯兰教老城是在埃及尼罗河三角洲顶端南部成长起来的一座古老的城市，有“千塔之城”之称。1979 年联合国教科文组织将开罗伊斯兰教老城作为文化遗产列入《世界遗产名录》。

介　绍

穆罕默德阿里清真寺位于开罗老城萨拉丁堡内，建于 1830 年。

开罗是非洲最大的城市，坐落于尼罗河三角洲顶端的南部。在开罗城里耸立着一千多座清真寺，清真寺高耸的尖塔直插云霄，所以开罗又被称为“千塔之城”。

公元 645 年，埃及人在开罗修建了阿麦尔 · 印本阿斯大清真寺宣礼塔，这是伊斯兰教史上第一座清真寺宣礼塔。宣礼塔用来集合穆斯林信徒按时来清真寺祈祷，也是在沙漠中给驼队指明方向的标记。它自诞生以来规模不断扩大，大多数宣礼塔都结构严谨、装饰精巧、图案繁多。

在老城中心随处可见王宫、清真寺、浴场、医院等建筑。著名的艾哈德 · 伊本 · 图隆清真寺作为埃及第二大清真寺，拥有 5 排拱门，这些拱门都由巨大的方柱支撑，每个方柱四角还排列着 4 根小支柱。而其他三面是柱廊，每面都有两排拱门，拱门上还刻有图案。整个建筑物为砖砌平顶，木梁外涂灰泥，是埃及国内保存最完整的古代清真寺。

具有神秘象征竟义的浮雕。

被誉为伊斯兰文化灯塔的爱资哈尔大学坐落在开罗老城的闹市区，这所大学已有一千多年的历史，是世界上最古老的大学之一。多座穿云插天的宣礼塔，经历了岁月的洗礼，千百年来一直是爱资哈尔大学的象征。爱资哈尔清真寺建于公元970年，由于伊斯兰教学者常在这里宣经布道，到后来这里逐渐变成了一所宗教学校。爱资哈尔大学一千多年以来培养、造就了一批批研究伊斯兰文化的人才，大多数学生后来活跃在亚非数十个国家，成为保护、传播和发展伊斯兰文化的中坚力量。

在开罗城内大兴土木修建清真寺是历代统治者的惯例，开罗的建筑大师和艺术家设计出复杂的图案，刻在清真寺的宣礼塔、墙壁、天花板和地板上。

孟菲斯及其金字塔墓地

大金字塔墓葬群遗址位于古埃及王国首都孟菲斯的周围，主要范围是在吉萨高原上。

介　绍

据说，古埃及第三王朝之前，不管是王公大臣还是平民百姓，死后都被葬入一种用泥砖砌成的长方形的坟墓中，古代埃及人把它叫做“马斯塔巴”。后来，有个聪明的年轻人叫伊姆荷太普，在给埃及法老左塞王设计陵墓时，采用了一种新的建筑方法。他用山上采下的矩形石块来取代泥制的砖，后来又不断改进陵墓的设计方案，终于设计出了一个六级的梯形金字塔——即人们今天所看到的金字塔的最初形态。建金字塔的风气在第三王朝法老时期盛行一时，他生前为自己修建的陵墓建成了 57 米高的六级梯形金字塔。到第四王朝时，法老更加放纵无度，造墓之风大兴，于是便出现了现今的三大金字塔。第五王朝是由太阳神的祭司长建立的。因为人民的强烈反对和法老财力的不济，第五王朝建造金字塔的规模显然不如前朝了。第六王朝以后地方势力逐渐壮大，各州州长纷纷独立，法老的中央集权名存实亡。随着国家力量的日渐衰

弱，建金字塔之风也日渐衰弱。

对于古埃及金字塔的具体数量，人们向来说法各异，有的说有七十多座，有的说有八十多座。埃及政府相关部门在1993年1月3日对外宣布："在吉萨地区又发现一座金字塔。这是世界上最重大的考古发现，使金字塔总数增至96个。"官方公布的这一数字应该是准确的。古埃及人认为死是一种再生，所以像对待生一样精心设计了死后的寓所。人类对死后世界的幻想或许会在以后的某个世纪结束。相信不会有君王再去修建如此的坟墓了。

埃及法老是金字塔的主人。法老这个称谓的本意是"住在大房子中的人"。信仰来世已成为埃及宗教信仰的一个主要特征。在法老看来死不是权力的终结，所以法老死后用香料等药物涂在身体上防止尸体腐烂，然后将尸体（木乃伊）和食物及其他生活所需的物品一起放入即将"入住"的巨大的陵墓中。

金字塔的基座为正方形，四面呈四个相等的三角形，远望就像汉字的"金"字，所以汉语译之为"金字塔"。在王国的早期，太阳神被奉为埃及的国神，法老则被看做是"太阳神之子"。《金字塔铭文》是这样写的："天空把自己的光芒伸向你，以便你可以凌空升天。"

虽然历尽岁月沧桑，古埃及的金字塔和狮身人面像依然耸立在埃及吉萨市南郊的利比亚沙漠之中，这些人类智慧的结晶似乎在向人们传达一个来自远古时代的信息，这些信息让很多慕名前来参观的游人都产生一种遥远的回想，在远古时代一定存在过某种威力无边的东西，而随着时光的流逝，它渐渐地从地球上消失了。

金字塔和狮身人面像的建造地点都在吉萨，那里一切都显得非常神圣，虽然经历了几千年的悠悠岁月，这里却依然保持着原来的风貌。吉萨的金字塔外观宏伟，位于高原之上，与开罗旧城隔着尼罗河遥遥相对。

专家评定，位于吉萨的大金字塔是由古埃及第四王朝法老胡夫于公元前 2500 年前后作为法老死后的墓地命人建造的，第二座大金字塔和狮身人面像则是在后来的法老哈夫拉统治时期建成的。哈夫拉的儿子、下一任法老又下令建造了第三座大金字塔以及那些小金字塔。每座金字塔的东墙外都建有一个专门用于丧葬的神殿，在这里有一条倾斜的小路，一直延伸到位于尼罗河边的一个神殿门前。那些死去的法老在用船只运到尼罗河岸边后就是从这条小路走向另一个世界的。

吉萨高原的最东边是狮身人面像和与其相关的神殿。附近还有一些埋葬贵族的小型金字塔。靠近金字塔的尼罗河岸边还建有几个船坞，至今停泊着十几只早已陈旧腐朽的小木船。1954 年人们将靠近大金字塔东侧的一只船从岸边移走进行维修，船被修复之后人们发现这只船只有 43.3 米长。使用过的迹象十分明显，也许当初将法老胡夫的遗体从皇宫沿尼罗河运至大金字塔用的就是这只船。吉萨的古建筑群是一个有机的整体，这里的一切不仅神化了那些死去的埃及法老和贵族，还表达了对死亡本身的崇仰。这个古建筑群的部分遗迹现在正不断地在人们面前显露出来。

大型金字塔的建造年代在公元前 2650 年至公元前 1750 年，前后历经大约九百年，大部分金字塔位于尼罗河西岸，这是因为在古代埃及人看来，太阳西下的地方会有来世。在众多金字塔中，最著名的就是离首都开罗不远的吉萨金字塔（建于公元前 2550 年前后）。三座金字塔并排屹立，尤为壮观，其中规模最大的一座是胡夫法老的坟墓，又称大金字塔。这座大金字塔高 146 米，底边

古埃及壁画再现了古代人民辛勤劳作的场景。

长230米。修建这座金字塔的石料是采自吉萨附近的石灰岩,厚1米、宽2米。石头长短各异,每块重量约为2.5吨。墓室内使用的花岗岩则是从远在1000千米外的阿斯旺运来的。在大金字塔附近,就是那座世界闻名的狮身人面像。

浮雕和壁画中记载的古埃及舞蹈艺术。

公元前5世纪,此时距金字塔的修建已有2000年了,古希腊著名历史学家希罗多德来到埃及。在他所作的《历史》一书中,他根据当地人的传言在书中记载了这样一句话:“金字塔是王墓。”

从古至今,金字塔内有许多财宝的说法在人们口中代代相传,但因不知入口在何处,以前还没有人能进到金字塔里面。据史书记载,最早进入大金字塔的是埃及的阿尔玛蒙,时间是公元820年。阿尔玛蒙和他的随从们采用爆破石材的办法开出一条进入金字塔的通道。在挖掘的过程中,他们无意中发现了原来的通道,从而发现了金字塔内部的一些构造。不过令人遗憾的是,当他们费尽心机走到“王室”,却只看见一口空石棺,阿尔玛蒙梦寐以求的天体图和财宝等一件也没有见到。1682年,英国人约翰格里普斯对大金字塔进行了实地测量,并计算了堆垒起来的石台阶。1765年,英国人纳萨涅尔·戴维逊在金字塔里考察时发现在“王室”内说话的回声有异样,后来便发现上面还有空间,就这样发现了现在称之为“减重室”的结构。意大利人卡维格里亚开通了竖井。随后,英国军官哈瓦德·怀斯对金字塔内部进行进一步调查。1839年,在“减重室”发现了有关胡夫法老(王)的古文字记录。1880年,被称为“考古学之父”的英国人弗林达斯·匹特里对大金字塔进行了测量。所测得的数据与今天人们用科学仪器测得的数值非常近似。无论在哪个时代,大金字塔中

隐藏的秘密都深深地吸引着人们去探索发现。1986 年,法国建筑学家提出大金字塔内还有未知空间,引起了一场学术界的大轰动。日本早稻田大学古埃及考察队利用现代科学技术证实了这一说法。他们又在 1987 年利用电磁波雷达技术进行了探测,结果,除发现了大金字塔内部还有其他空间外,又发现第二艘太阳船、狮身人面像周边地下空间。

从法老胡夫的大金字塔北侧正面的顶部往下看,可看到供游客进出的出入口,那就是当年阿尔玛蒙打开的爆破坑。当时,由于石材阻挡,人们还不清楚入口的方位,盗墓者就用炸药爆破打开。走进阿尔玛蒙打开的隧道,不用走多久就和原有的通道合并在一起。再往前走,眼前就会出现一条向上的通道,那里有 3 块重约五吨的花岗岩矗立在路中央,阿尔玛蒙一行人只好另择道路前进了。“上升通道”通向“大长廊”。如果朝着“水平通道”走,就可以走进被称为“王后室”的屋顶呈“人”字形的房间。早稻田大学通过先进仪器勘查,发现“水平通道”的西墙内可能还有新的通道,“大长廊”通道两侧平均每隔几步就有一个用途不明的洞。这些谜一样的洞着实令人费解并充满好奇。

“大长廊”一直通向“休息室”,那里有个落石装置,打开这个装

雄壮美丽的狮身人面像。

置,就能看到“王室”。“王室”上方则有被称为“减重室”的 5 层房屋。在汇合处还能看到一条几乎与“上升通道”呈同样坡度的“下降通道”。大约走过 97 米的路程之后,通道变水平,并直通地下室。这个房间看起来好像还没有完工,它位于地下 30 米处,大概位置在金字塔顶端的正下方。大金字塔内房间之谜尚未完全解开,还有未知的空间至今没有被人们发现。

王室的墓地所在地名叫撒卡拉。自古以来,人们在那里修建了不少名叫“马斯塔巴”的长方形平顶斜坡坟墓。古王国时代第三王朝初期的杰塞尔王命宰相伊姆赫蒂布负责为法老修建墓穴。据说,伊姆赫蒂布既是一位才能卓著的宰相,又在医术、建筑设计等方面深有造诣,称得上是一位学识渊博的学者。他后来几乎成为人们心目中的神。伊姆赫蒂布先修建了一个很大的“马斯塔巴”坟。更令人感到有趣的是,他不像前人那样采用干土坯作为建筑材料,而是用石灰岩代替土坯,将“马斯塔巴”垒成 4 层,最后又垒成 6 层,成为一座底部长 140 米、宽 128 米、高 60 米的巨大石造建筑物。这座阶梯式金字塔的周围并非一片旷野,它外面有宽 277 米、长 545 米的围墙。围墙内场地还错落地修建着前祭殿、后祭殿和院落等建筑物,称得上是一个“金字塔综合体”,人们可以在那里举行各种相关的仪式。研究者们一直想知道伊姆赫蒂布为什么要把“马斯塔巴”坟垒成几层高。法老在人们眼里是神的象征,以前法老、王族、贵族死后都埋葬在同一个地方。阶梯式金字塔出现后,法老与其他贵族的差别就能体现在金字塔的规格上了。也有说伊姆赫蒂布是为了让法老的灵魂升天而将金字塔修成阶梯形。据说伊姆赫蒂布出生于美索不达米亚,那里有古代巴比伦的高塔神殿。也许伊姆赫蒂布是在仿照古巴比伦神殿的基础上在埃及建造了阶梯式金字塔。

太阳船博物馆位于大金字塔南侧。那里有 1954 年 5 月考古厅的玛尔·玛拉赫发现的最古老的大木船。在对大木船进行除沙的过程中,他无意中发现一个用石灰岩盖着的长31米、深3.5米的凹坑,里面有很多拆散了的船的构件。虽然历经了长达13年的岁月,修复以后还能看出它原是一艘全长43米的大船,上面有法老胡夫的继承者杰多弗拉的名字。因此人们认为这艘船是杰多弗拉为其先王胡夫特意葬在地下的。在古埃及,人们深信国王死后会变成太阳神,灵魂可以乘船进入宇宙。因为太阳船分昼用和夜用两种,所以太阳船也应还有一艘。1987年2月,早稻田大学考察队利用高科技手段进行调查,确认在原凹坑的西侧还有一个凹坑,那应该是第二艘太阳船的所在地。同年10月,美国的一个考察队把纤维式观测器插入坑内,进一步证明了船的存在。1992年,早稻田大学考察队成功地完成了对坑内情况的摄影和各种构造零件的木片样本采集。经过对木片的分析发现,第一艘太阳船造船材料用的是黎巴嫩产的杉木,第二艘太阳船也使用了基本相同的木材。在发现第一艘太阳船之后的40年间,由于坑内进了水,导致灰泥剥落,使得构件未能得到妥善保存,这些遗址有待今后尽快进行修理和修复。

在许多人的观念中金字塔是埃及法老的陵墓。可是,如果进一步寻找其根源,回答往往是以下两点:第一,距今大约两千五百年以前,希腊历史学家希罗多德根据当时埃及人的说法,写下了“金字塔是王墓”这样的句子;第二,在吉萨大金字塔等被认为是金字塔的建筑物

金字塔内表现女性劳作的壁画。

中，有在人们看来是石棺的石箱。然而，希罗多德写下的这句话只是道听途说，而且在那些石箱中，还没有发现过一具木乃伊。因此，说金字塔是王墓的根据都不太确切。与之相反，否定金字塔是墓的事实和材料却不在少数。以下就是几个例证：墓既然是埋葬尸体的场所，如果不在地下于理不通；在所谓的石棺里，不仅没有见到完整的木乃伊，就连绷带和木乃伊的碎片也没有看见过丝毫，这是让人无论如何也没有办法理解的；在纸莎草纸和碑文中，也没有能说明金字塔是墓的文字，这也是很让人怀疑的地方。总之，否定的意见在现在看来更加有力。另外，还有人提出，像斯涅弗尔王那样，人们为他一个人建造了几个金字塔，如果这些金字塔真的是王墓，斯涅弗尔王的尸体应该分开放才对。再有，即使在金字塔中发现有封印的石箱，开封后，里面依然没有木乃伊。因此，说金字塔是王墓的说法更显得没有依据了。那么，它究竟是用来做什么的呢？研究埃及的考古学家至今仍无法解答这个问题。有学者认为，金字塔起到埋葬设施的作用，但要作为墓似乎根据不足。近20

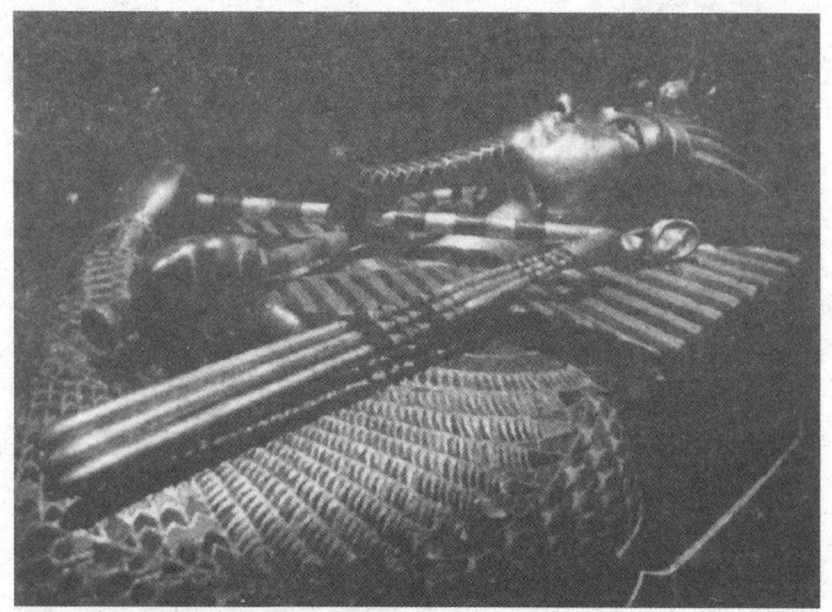

年来，一些学者一直在寻找：金字塔时代各王的真墓，认为也许从那里可以找到问题的答案。

事实上，有关狮身人面像何时建造的问题也非常重要，一旦解决这一问题的线索被中断了，那么很有可能就会有另外一种有关古埃及历史的说法被提出来。因为整个吉萨建筑群的整体风格以及各个建筑，包括专门放胡夫、哈夫拉和曼考里三位法老遗体的金字塔的建造时间都是以狮身人面像的建造时间为前提进行推断的。一旦这一问题的结论不能成立，或吉萨建筑群中的任何一座建筑被证明是在古埃及建朝之前就已经存在了，即在埃及王朝进入兴盛时期之前已建造完毕。那么目前有关埃及历史的所有观点都将处于一种难以立足的尴尬境地。类似的发现一定会促使埃及学的研究专家们接受这样一个观点：古埃及文明发展的时间要比现在根据史料推算出的时间还要早很多。

古埃及浮雕艺术。

当然，考古学家们知道狮身人面像是

一座历史非常悠久的建筑。其中最显见的证据在狮身的石头上。大多数石头,也或许是全部,上面都镶嵌着用来防止受蚀、用来保护的饰面。长期以来,考古学家们都觉得这一镶嵌饰面工艺的出现是在狮身人面像的建造后期,即整个狮身已经大体成形后才开始进行的。但是,到了 1979 年—1980 年,相关学者在对狮身人面像进行了一番细致地研究之后却得出了另一个颇具争议的结论。资深考古学家、美国芝加哥大学博士马克·勒纳在解释这一结论时一开始就说:“我们还没有在狮身人面像的狮身部位发现任何对石块加工过的痕迹,无论是使用工具还是在最初阶段的采石过程中对石块表面进行的加工。”另外,勒纳博士还补充说,狮身部位已遭受过明显的“严重的侵蚀”。他得出这样的结论:“狮身人面像的主体部位在进行镶嵌饰面工艺之前就已经受到了严重的侵蚀。”接下来,勒纳博士就顺理成章地推论:开始修复狮身人面像的时间“可能”在“新王国”时期之初,这一时期大约开始于公元前 1500 年。只有这样推断,在一千多年的时间里狮身人面像受到这样“严重的侵蚀”这一事实才能成立。勒纳博士认为更短的时间里这种情况产生的可能性几乎为零。

勒纳博士在 1980 年提出的这些观点不久就被其他人的新见解所取代。1992 年,专门从事吉萨建筑群研究的埃及古文物研究所所长扎希·哈瓦斯博士说,在对狮身人面像右后腿研究后发现,狮身部位的石头表面最早镶嵌的饰面能够上溯到“旧王朝”时期,也就是大约公元前 2700 年—前 2160 年。而金字塔是在这中间的其中一段时间修建的。哈瓦斯博士的观点说明一些有不同看法的考古专家已开始向传统的考古观点提出质疑。因为若是哈夫拉在公元前 2500 年建造狮身人面像以及他自己的金字塔,并对狮身人面像被侵

蚀的主体部位进行修复工作是在公元前 2160 年之前开始的，那么后来被饰面工艺掩盖的严重受蚀现象就只能是在 340 年，甚至更短的时间里形成的。考虑到狮身遭受侵蚀的范围之广、程度之深，这种可能性几乎不存在。因为根据这些能够得出的一个很明显的结论：在哈夫拉开始建造自己的金字塔之前，狮身人面像就已经建成很长一段时间了，并且当时就已经被严重侵蚀了，所以另一种可能的情况是，为狮身人面像添加石头饰面的保护层工作也许是在哈夫拉执政时期开始的。

与这一推断针锋相对的观点认为，在古埃及法老第一代王朝大约从公元前 3100 年开始实施集权统治以前，古埃及人并没有使用石头建造房屋的经验，而且也没有能力组织大量人员修建巨大的建筑物或纪念碑等。在权力和财力都缺乏的情况下，法老根本没有能力雇到足够的人力或者征招大量的奴隶来完成这项伟大的工程。然而，提出以上这一反对意见的人却没有注意到狮身人面像和金字塔两者的区别。金字塔是由众多巨大的石头修建成的，但狮身人面像不是搭建成的，它是利用坚固的岩石砌筑而成的，所以相对建造金字塔而言，修建狮身人面像要容易得多。

就狮身人面像的建成年代人们众说纷纭。早在 21 世纪初期，埃及考古学家们就已经开始争论。建造狮身人面像的地基是挖掘地面来完成的，挖出的土在周围形成坡面，坡面上有大量的纵沟。在这座狮身人面像的表面，还有许多很深的沟壑，它们都是横行排列，一层层

密布在狮身人面像的表面,使得这座古老的石雕看起来历史更加悠久并充满神秘的气息。人们基本上认为,这种奇特现象的产生,是因为古埃及地区干燥的气候与强烈的沙漠风暴使狮身人面像受到严重风化。一直以来,不管是正统的古埃及学研究者,亦或是到此来作过实地考察的各类专家,都坚信这一观点。而且没有人对修建这一石像的真实目的提出过疑问。尤其让人惊讶的是,关于为什么会采用人头、狮身、牛尾、鹫翅这种古怪的组合方式,还无人能作出相对合理的解释。哈尔夫教授不是一个古埃及学家,对考古学也是个外行。但狮身人面像表面紧密留存的沟壑倒是引起了他浓厚的兴趣。哈尔夫教授长时间地观察这些沟壑,然后以肯定的语气说:“这些沟壑是因雨水冲刷而形成的!”作为气象地质学研究专家的哈尔夫教授对于侵蚀和风化的研究造诣极深,即便如此,他也被自己得出的这一结论惊呆了。哈尔夫教授决定亲自前往进行考察。他带了几名助手很快飞往狮身人面像所在地:埃及最著名的观光区吉萨。那里不但有狮身人面像,而且还有驰名世界的金

字塔群落。那里有大量的古埃及第三王朝鼎盛时期留下来的古代遗迹。通过大量细致而严谨的考察和取样分析,哈尔夫教授最后肯定了自己的判断。他马上向世人宣布,狮身人面像上面的沟壑是由于雨水冲刷形成的,而不是像传统的考古学者们断定的那样,是风沙侵蚀形成。当哈尔夫教授的这一研究观点在当年的世界学术年刊上一发表,马上引起了众多古埃及学者的强烈不满,许多研究者对此提出异议。古埃及学者们强调:在哈夫拉王建造金字塔和狮身人面像的年代,埃及的气候是非常干燥的,不可能有如此丰富的降雨,因此也不可能有雨水侵蚀石像的情况发生。何况,对于一个对古埃及学一窍不通的人来说,他的任何关于狮身人面像的观点都是缺少理论支持的。如果那些纵沟是由于大雨引发的洪水流向狮身人面像所在的低凹处而形成的。那么,大雨又是在什么时候下的呢?按照最近的说法,应该是在1万多年以前。事实上,大约1万年以前冰川期结束时,也许发生过洪灾。但是,照这样计算,狮身人面像是在冰川期建造的。而当时在尼罗河周边地区人口稀少,那么为什么在这样的地方建造那么大的雕像呢?从文化的角度来说,这似乎无法成立。还有就是,我们并不能只凭冰川期以后的文字记载,就认为当时没有下过大雨。因为记载或许会消失又或者还没被人们找到,或者是根本就没有记载过。即使如此，甚至在有些古气象学家看来，在冰川期以后的温暖期下过大的雨。而且那时，沙漠的面积没有现在这么大，甚至当时还有许多绿地。只是，究竟是什么时候出于什么目的建造的狮身人面像，到现在还没有结论。

狮身人面像的地基与哈夫拉王“河岸神殿”的地基存在很大不同，它们所用的石材产地也不相同，哈夫拉王的参道有意避开狮身人面像，根据这点我们能够推测，狮身人面像是在哈夫拉王时代以前修建的。有可能是在第三王朝时代，这里原来可能是宗教城市“赫里奥波利斯”太阳神的一个礼拜场所，狮身人面像是在他的领地境内建造的。

从金字塔到狮身人面像，从法老的墓地到雅典娜神殿……我们能够发现，在古埃及每一处遗址：墓地、石碑、雕塑、器皿、装饰、绘画……总是能够找到一种被称为“斯芬克斯”的古怪图案，它们都一致呈现为人兽合体，虽然在表达方式上可能略有不同，但是它们都是由人、狮、牛、鹫共同组成。或者我们能够将其称为“斯芬克斯现象”或“斯芬克斯文化”。这种现象或文化似乎有一种蔓延的趋势，从古至今，从内向外皆是如此。在南美落基山、在日本人世代生存的日本岛、在世界屋脊藏传佛教的许多寺庙里，还有世界上许多其他地方，我们都能找到相似的人兽合体的形象。这些形象常常作为一种带有某种神力象征的圣兽出现，它们可以拯救人类于水火之中，可以医治或者复活人类

富有神秘色彩的狮身人面像。

中的英雄,甚至能够直接降临人间,来拯救正一步步走向衰落的人类社会……也许,我们从这里能够得出这样的推论:这种斯芬克斯应该是人类共有的记忆,也就是说,万物同源,我们人类很久以前也拥有过对另一种精神的集体追求。这种追求深藏在我们记忆的深处,它从远古走来,也许到某一个历史与现实的交汇点上时,并在获得了足够的能量之后,它就会又一次以生命的形式突然呈现于我们的眼前。或者,我们不应该还在历史的旅途中流连徘徊了,相反我们应该迈开大步,大胆地去追寻过去、现在和未来的真实。

科学家们的研究表明,金字塔的形状,使它贮存着一种古怪的"能",这种"能"可以使尸体很快脱水,并且很快就会"木乃伊化",然后变成"木乃伊"的尸体,等待有朝一日的"复活"。如果把一枚满是锈迹的金属硬币放进金字塔,很快金币就会变得金光闪闪;若是把一杯鲜奶放进金字塔,24 小时后取出,味道还会很鲜美;假设你头痛、牙痛,到金字塔去吧,一小时后,便会疼痛全消,轻松如常;如果你神经衰弱,劳累难受,也可以考虑去一趟金字塔里面,不久,你就会精神焕发,充满活力。

在全世界研究金字塔的谜案中,真是一谜未解,一谜又起。说法众多,也愈来愈离奇,被吸引的研究者也越来越多。几十年前,忽然又出现一项所谓的"新发现",即闻名欧美各国的"金字塔能"。它论述的是金字塔的构造物,其内部会形成一种无形的、特殊的能量,所以称它为"金字塔能"。传说,产生的这种能量有着不同的用途和奇异的功效。围绕着大金字塔的谜案真是不可胜数,但近年来,比较热门的关于金字塔的神秘性话题,那是对金字塔魔力的探索。

关于金字塔魔力的发现,要上溯到 20 世纪初。鼓吹超自然科学

的法国人安东尼·博维在1930年来到埃及，当他参观完吉萨金字塔群落后，认为大金塔的形状非同一般，因此又为金字塔神秘论添加了新的内容。博维喜欢对“感觉辐射”的造型进行研究。这项技术的基本概念就是说物体能够辐射出某种能量，这种能量现在还不能被现代物理学所解释。当博维在进入金字塔“国王墓室”时，无意中看到一个类似于垃圾箱的罐子竟然有猫和老鼠的尸体。当时他以为这些动物可能是在金字塔内迷路，因无法走出而死掉的。但是，他立刻又注意到另外一些奇怪的事，虽然墓室中很潮湿，可是尸体并未腐烂，这样看来，这些动物是否和木乃伊一样是干透了呢？也许墓室中真的具有能够使物质脱水的力量。

博维觉得这种现象应该是和大金字塔的几何学图形有关，因而他回国后就马上用硬纸板做了一个底边为0.9米的大金字塔的模型，而且把其中4个方位配合东西南北4个方向，然后把猫的尸体放在与墓室相同，距底部1/3高度的地方。几天之后他发现，猫的尸体果然变成了木乃伊。后来，他又用肉片及蛋等做同样的实验，最后得到的结论是，不管放入什么都不会腐烂。然后他就发表了有关他对金字塔魔力的研究论文。

原捷克斯洛伐克的一名无线电技师，放射学专家卡尔·德鲍尔通过反复试验，研究模型内到底存在着什么样的能量。有一次，他将一把刮胡子用的刀片放在模型内，本来认为它会变钝，可是结果大大出乎他的意料，刀片反而变得非常锋利，他还用这把刀片刮了50次胡子。于是，他又开始探讨金字塔模型对刀片的影响。他制作了一个15厘米高的模型，把刀片平放在模型内距底部1,3高的地方，刀片的两端对准南北方向，模型本身也按南北方向放置。通过几次试验，结果都大同小异。一种非常简单却又很神奇的磨刀片器——仿胡夫金字塔模型就这样诞生了。1949年，德鲍尔正式向捷克首都布拉格相关部门申请注册“法老磨刀片器”的发明权。

由此，德鲍尔得出一个结论，即来自太阳的宇宙微波，能够通过聚集于塔内的地球磁场，活跃模型内的震荡波，从而令刀片“脱水”变锋利。这种特性不只是在胡夫金字塔模型中，在其他形状和大小的金字塔模型中刀片发生了同样的变化。金字塔空间产生的能量只是来自宇宙和地球的引力、电场、磁场和电磁场，它利用太阳发射的混合光线中肉眼所看不见的射线起作用。在金字塔内部产生的这种奇异力量，能让因为经常刮胡子而使刀口内部结构变钝的现象得到改变，然而，这股力量的作用范围只是局限在刀口变得锋利起来，而不是刀口的外形扭曲。所以，这种刀片必须是用上等的钢材制造的。一把刀片在普遍情况只能使用25～30次，但若是每次用完后都能放在金字塔模型内24小时，那么刮胡子后的钝化现象就会消失，刀片的使用时间也会更长。

最近，科学家约瑟·大卫·杜维斯提出了他的见解：金字塔上的巨石是人造的。大卫·杜维斯通过显微镜和化学分析的方法，反复研究了巨石的构造。根据化验结果他总结得出这样的结论：金字塔上的石头是用石灰与贝壳经过人工浇筑混凝而成的，制造方法就像今天的人们浇灌混凝土一样。因为这种混合物凝固得相当好，一般的人无法分辨出它和天然石头的差别。还有一些科学家认为，考虑到现代考古研究已经证实人类早在数千年前就了解怎样制作混凝土，所以大卫·杜维斯的观点还是可以令人信服的。但少数学者对这一点还是提出了质疑，他们认为：在开罗附近有许多花岗岩山丘，古埃及人为什么会置之不用而选择通过一种复杂的操作方法来制造那数量惊人的石头呢？看来，金字塔之谜还不能完全被“破译”，还需要人们进一步去研究、探索。而且，还有很多数据也让人们百思不得其解：埃及胡夫大金字塔的塔高乘上10亿所得的数，恰好等于地球与太阳之间的距离；穿过大金字塔的子午线把地球上的陆地、海洋分成恰好相等的两半；用两倍的塔高除以塔底面积就恰好是圆周率。这些不可能都是巧合。所以，金字塔的秘密需要人们进一步探索和发现。

评 价

这处非凡的墓葬群遗址坐落在古埃及王国首都的周围，包括岩石墓、石雕墓、庙宇和金字塔。

这处遗址被认为是古代世界七大奇迹之一。

——世界遗产评定委员会

古城底比斯及其墓地

古城底比斯坐落在埃及南部的尼罗河畔，是古埃及帝国中世纪和新王朝时代（约公元前2040年—前1085年）的首都，到目前已有四五千年的悠久历史，是世界上为数不多的最古老的都城之一。

介　绍

古城底比斯的著名建筑是凯尔奈克神庙和卢克索神庙，它们是古埃及建筑艺术上两座闪光的艺术珍品。两庙南北对峙，相距大约两千米。

凯尔奈克神庙由许多庙宇组成，是目前世上现存的神庙群中规模最大的一个，它占地面积达3.2平方千米，庙宇的主体建筑物是用来供奉底比斯主神——太阳神阿蒙的大庙。这座庙始建于三千多年前的第十七王朝，在后来长达一千三百多年的时间中，不断地被破坏和重建。神庙包括十重巍峨的门楼，三座雄伟的大殿。庙内最雄伟壮阔、让人叹为观止的是一座密林似的柱厅，那里竖立着纵横排列的136根6人才能合抱的巨大的柱子，每根高21米，传说柱顶的圆盘上能够站立百人。石柱和殿堂墙垣上都刻有精美逼真的浮雕以及色彩艳丽的彩绘，再现了神和人的生动故事。庙内还有举世闻名的方尖碑和众

多法老后妃的塑像。

卢克索神庙是底比斯主神阿蒙的妻子穆特穆伊亚女王的庙宇，建筑形式与规模仅次于凯尔奈克神庙，非常宏大壮丽。公元前 14 世纪献给阿蒙神的新神庙建成。公元初期，神庙曾经被改建成教堂。神庙由一个围有列柱廊的庭院和一个大厅与侧殿组成。大厅东面就是一个小型礼拜堂，堂内墙壁上雕刻着穆特穆伊亚女王和阿蒙太阳神象征性的婚礼和降生王子的浮雕。神庙北部入口处是雄壮威严的柱廊，共有 14 根近 16 米高的石柱。公元前 13 世纪，古埃及法老拉美西斯在神庙围墙外扩建了一个庭院，在其柱廊的柱子之间放置了法老的雕像。

尼罗河西岸群山是古埃及法老后妃和达官贵族墓葬集中的地方。这些墓穴顺着山势开凿，“国王谷”的法老墓室中有的洞穴深入地下一百多米，墓道曲折起伏，左右还有厅事、墙壁以及拱形的天花板，墙壁

汇集了埃及文明与智慧的古建筑。

和天花板上都绘着彩色壁画而且配有文字。壁画内容有各种动物形状的神明肖像,还有古代耕耘、狩猎的情景,宫廷欢乐歌舞的场面。其中又以贵族塞瑙法尔墓的壁画保存最为完整。这些壁画体现了古代埃及人的生活和信仰,还有非常高的历史价值。

评 价

古城底比斯是古埃及中世纪和新王国时代的首都,也是供奉阿蒙神的城邦。凯尔奈克和卢克索的神庙与宫殿,国王陵墓谷地以及王后陵墓谷地是举世闻名的遗迹。底比斯城是古埃及高度文明的历史见证。

——世界遗产评定委员会

乞力马扎罗国家公园

乞力马扎罗山是非洲最高的山脉，因变化多端、险象环生而成为游客探险猎奇的好去处。

介 绍

诗人们写诗来歌颂它，喜爱冒险的探险者以登上它的高处为荣，尤其是当地人民，对它更是顶礼膜拜。一直到现在，它仍然散发着无穷的魅力，乞力马扎罗山久负盛名的美景让每一位攀过此山的人都对它称赞不已。

乞力马扎罗山面积大约为七百五十六平方千米，位于坦桑尼亚东北部，毗邻肯尼亚，在赤道与南纬3°之间，距离赤道仅三百多千米，乞力马扎罗山高出非洲平原地区5895米，这让它成为世界上最高的山峰之一。乞力马扎罗山被称为“非洲屋脊”，但多数地理学家都喜欢称它为“非洲之王”。

这位“非洲之王”是一座到现在还在活动的休眠火山，基博峰顶有一个直径2400米、深200米的火山口，火山内部的四壁是晶莹剔透的重重冰层，火山底部矗立着高大的冰柱，冰雪覆盖，仿佛巨大的玉盆。高大的火山傲然挺立，却没有与之相伴的其他山脉。它山势高耸，但与世界上其他的高峰相比，攀登起来并不会非常困难。身体素质较好的登山者能够在很短的时间内穿过五个完全不同的植物带到达它的主峰。

乞力马扎罗山共有两座主峰，其中一座叫基博，另一座叫马文济，两峰之间由一个十几千米长的马鞍形的山脊相互连接。遥遥远望，乞力马扎罗山是一座傲然独立的高山，在无垠的东非大草原上兀然耸立，直插云霄、气势恢弘。威武的蓝灰色的山和它一片白雪皑皑的山

它高高地站立在这座被视为“非洲屋脊”的高峰上，见证了多少悠悠岁月。

顶一起雄伟地矗立在坦桑尼亚北部的半荒漠地区，仿佛一位豪迈英武的勇士护卫着非洲这块肥沃美丽的大陆。

1955 年，伦盖火山爆发，向天空喷出火山灰和碳酸钠粉末。因为火山成分中钠含量高，但是却少含硅，所以它就显得与众不同。从远处看，伦盖火山也如肯尼亚山和乞力马扎罗山一样被冰雪覆盖，但从近处观察就会发现，那白色的物质根本不是雪，而是近期喷发出来的碳酸钠。

伦盖火山在坦桑尼亚境内被称为“锡克斯·格里德”大裂谷区，据说那里的地壳很薄。在斯瓦希里语中，乞力马扎罗山的含义是“闪闪发光的山”，这句话形象描绘出这座高耸的火山及其雄伟的白雪皑皑的山顶特点，喻意恰如其分。它的高度达 5899 米，是非洲最高的山脉，人们能够透过坦桑尼亚和肯尼亚的萨王纳，在几十千米以外看到它。它的轮廓异常分明：坡度和缓的斜坡与一条长长的、扁平的山顶相向，那是一个真正的巨型火山口——是个盆状的火山峰顶。在炎热的日子里，蓝色山脊和萨王纳二者无法分辨出来，而白雪皑皑的山顶好像在空中回绕旋转，它伸展到雪线以下缥缈的云雾中，更加深了这种旋转的幻觉。

乞力马扎罗山占据长 97 千米、宽 64 千米的地域，这样大的山体甚至会影响到其自身的气候（其他大山如阿拉斯加的麦金利山和喜马拉雅山的珠穆朗玛峰也有类似情况）。从印度洋吹来的饱含水汽的

风，遇到乞力马扎罗山就会被迫抬高上升，以雨或雪的形式落下来。雨量增加就意味着和乞力马扎罗山周围半荒漠灌丛完全两样的植物能够在山上生长。山坡比较低缓的地方已被开垦种植类似咖啡和玉米等类的作物，但是热带雨林高度的上界是2987米，再往上就是草地，到海拔4420米以上草地就被高山地衣和苔藓代替。

山脉的顶部是乞力马扎罗长年的冰川，这是非常奇怪的，因为这座山坐落在赤道之南仅3°处，但是最近有迹象表明这些冰川在后退。山顶的降水量一年仅有200毫米，不能够和融化而损失的水量保持平衡。有些科学家提出火山正在经历又一次的温度上升，这使融冰过程加速。但是还有一些科学家则认为，这只是全球温度升高的必然结果。

不管是什么原因引起了目前这样的结果，乞力马扎罗山的冰川现在比20世纪小这是事实，是不可否认的，而且有人预言假设这种情况继续下去的话，乞力马扎罗山的雪没到2200年就会完全消失。

乞力马扎罗山其实有三座火山，由一个复杂的喷发过程将它们连接在一起。最古老的火山是希拉火山，位于主山的西面。它以前非常高，但是在一次强烈的喷发之后就倒塌了，现在只留下高3810米的高原。稍微比希拉火山年轻的是马文济火山，它是一个奇异的山峰，位于最高峰的东坡部分。它虽看起来好像和乞力马扎罗峰相差无几，但它隆起的高度却有5334米。

乞力马扎罗山周边各处气候迥异，并且处在不断变化中。

三座火山中最年轻、最大的是基博火山，是在多次喷发中形成的，被一个大约两千米宽的破火山口覆盖。在不断的喷发中，破火山口内形成了一个有火山口的次级火山锥，在之后的第三次喷发过程中，又形成了一个火山渣锥。因此基博巨大的破火山口构成的扁平山顶，成了这座优美的非洲山脉的显著特征。

寒冷的气候环境为乞力马扎罗山披上了冰雪的外衣。

在基博火山的山脚下种植着成片的咖啡和香蕉，接着往上就是森林了。平均每年 762 毫米的降水量给树木的生长提供了充足的水分，山上的蕨类植物甚至能够长到六米多高，一些落叶林往往可高达 9 米。海拔到二千七百多米以上，树林就会逐渐减少，这里的主要植物是草类和灌木，在这里，你常常会看到大象在草地上走来走去。到海拔三千九百多米的地方，恶劣的气候使得林木和草类无法生长，这里生长的主要植被是地衣和苔藓。

登山的时候，减速慢行是必要的，山上高处稀薄的空气会让一些缺乏耐性而又高估自己实力的游客丧命。高山上的环境容易引发高原病症，所以登山时一定要与当地有经验的向导同行。登山共有 6 条难度各异的路径可以选择，每条路径边上都有一些可供住宿的小屋。

肯尼亚山国家公园自然森林

肯尼亚山国家公园坐落在内罗毕东北193千米处，横跨赤道，距肯尼亚海岸480千米。海拔1600～5199米，总面积为420平方千米，包括肯尼亚山国家公园和肯尼亚山自然森林。

介 绍

肯尼亚山于1949年建立国家公园。1978年4月成为联合国教科文组织人与生物圈规划的一个生态保护区，从此便得到国际公认。它在成立国家公园前就已是森林保护区了。

肯尼亚山是间歇性火山喷发形成的。整个山脉被向外伸展开去的沟谷深深切开。沟谷基本上多数是冰川侵蚀造成的，大约九十六千米宽。大概有20个冰斗湖，大小不一，带有各种冰碛特征。分布在海拔3750～4800米，最高峰5199米。

肯尼亚山有两个湿润季节。3月—6月是较长的湿润季节。12月—2月是短暂的干燥季节。从北到东南斜坡降雨量范围由900毫米一直增大到2300毫米。在海拔2800米～3800米的地方常年有一条降雨云带。海拔4500米以上的大部分降水为降雪。雨季峰顶常常覆盖着白雪，在冰川上形成一米多的积雪层。

肯尼亚山直指苍穹。

年平均气温基本上是2℃左右,3月—4月最低,7月—8月最高。白天气温温差很大,1月—2月约为20℃,7月—8月为12℃。空气流动非常强烈,从夜晚到清晨,风不断地从山上吹下来。从早晨到下午空气反方向上升。早晨峰顶狂风大作,太阳升起后风速才会逐渐减小。

植被种类是随海拔和降雨量的变化而变化的。高山和稍矮的山地花卉丰富。降雨量在875~1400毫米,较干旱的地区和海拔比较低的地方,是非洲圆柏和罗汉松生长的地方。西南和东北较湿润地区(年降雨量超过2200毫米)内,生长的树林多数是柱子红树。大多数不在保护区内的低海拔地区都被用来种植麦子。东南斜坡海拔较高地区(2500~3000米,年降雨量超过2000毫米),大多生长的是青篱竹。中海拔地区(2600~2800米)是竹子和罗汉松混生区。海拔稍高(2600~2800米)或稍低(2500~2600米)的地区生长的是罗汉松。再向山的西面和北面伸展开去,竹子就会逐渐稀少而失去其优势地位。海拔

犀牛的生活区域有着充足的水源。

2000～3500米，年降水2400毫米的地区，是哈根属乔木生长最多的地方。海拔3000米以上，由于气温较低，树高也开始降低，金丝桃属树木占据优势。因为下层树木比较发达，所以树冠张开程度更大。绿草如茵的林间空地在山脊上能够经常见到。较低的高山或沼泽地区（3400～3800米）的特点是降水多、腐殖质土层厚、地形变化比较小，植物种类不那么丰富，只有禾本植物、羊茅及苔草类比较常见。丘陵草丛里生长着斗篷草、老鹳草。较高的高山区（3800～4500米）地形变化很大，花卉种类繁多，有巨大的莲叶植物，半边莲、千里光、飞廉属植物。在土壤排水良好的地方，还有溪流旁边及河岸处，生长着种类繁多的禾本植物。虽然5000米以上的地区仍然能够看到维管植物，

但从大约四千五百米高度起，连绵的植被就没有了。

较低的森林和竹林区的哺乳动物有大林猪、岩狸、非洲象、黑犀牛、岛羚、黑胸麂羚还有猎豹（高山区也可见到）。沼泽地的哺乳动物有肯尼亚山特有的岩狸、麂羚，甚至还有人看到金猫。在整个北部斜坡和深达4000米的峡谷中还生活着本地特有的瞎鼠。森林鸟类有鹰雕和长耳猫头鹰。

居民大都住在肯尼亚山外围地区。组织山地探险活动的是当地旅馆和一家私人探险公司，当地还有肯尼亚山地俱乐部。肯尼亚山为非洲第二高峰，是700万人赖以生存

的重要水源地，而且在森林地区生活着许多种濒危动物。终年积雪的山峰是东非景色最秀丽的地方之一。这种非洲高山生态系统拥有很多特有物种，成为了肯尼亚的主要自然旅游景点，被当地部落视为圣山。

人类对公园的影响很小，但在海拔较低的森林地带却的确存在一些破坏性影响。在干燥低矮的林地，生活用火和雷电对林木存在威胁，有时会有火灾发生，火灾后树木只能缓慢地自然恢复。森林受到的威胁和邻近地区一样，其中有非法伐木、割柴、盗伐、烧炭、破坏性采蜜、定居和农业活动对森林的蚕食等等。

肯尼亚山国家公园栖息着成群的大象。

美洲

MEI ZHOU

魁北克历史遗迹区

作为魁北克省的首府，魁北克市还是加拿大境内法兰西文化的起源地。城市沿狭长的高地修建，旁边有圣劳伦斯河流过，是进入北美大陆的“门户城市”，所以魁北克常被人们称为“北美直布罗陀”。

介　绍

魁北克历史遗迹区大约有一半的建筑是建于 1850 年以前的。魁北克市本来是印第安人居留地。1680 年法国人在此建立永久居留地，1832 年建市。魁北克市是加拿大的一座历史名城，市区景色秀丽，散发着浓厚的法国气息。

魁北克要塞是北美大陆上最著名的要塞，一直以来被认为是加拿大的“兵家必争之地”。19 世纪 20 年代的魁北克是加拿大的主要港口，英国军队在海角的山上建立起牢固的军营而且还在上城周围修建城墙。19 世纪 70 年代，地方长官杜弗林爵士在一项关于保持城市传统的提案中建议市政府，即使城墙和要塞已经失去防御价值也不要拆毁它们。这一建议不仅确立了当地历史遗迹区的地位，也为旧魁北克创造了开发旅游业潜力的机会。

法国人在圣劳伦斯河畔建立了最早的定居点，这个定居点靠近古易洛魁村落的遗址，在一个大海角附近。殖民点起初靠着河岸发展，再以后就开始沿着海角建设。

魁北克城分旧城和新城两部分：旧城都由城墙包围着，新城在城墙以外。市区分为上城区、下城区和新城区。上城区处在高坡之上，周围环绕着平均高达 35 米的古老城墙，是北美唯一拥有城墙的城市。下城区是商业区，处在上城区东北方。这里的皇家广场有“法国文明的摇篮”之称。广场周围有历史长达几百年的老屋，从 20 世纪 60 年代开始,这里被魁北克政府辟为有中国特色文物保护区。

魁北克还是北美最古老的罗马天主教城市。全市教堂有50座,著名的罗马天主教圣玛丽亚大教堂就是其中之一,它有1647年建的围墙。维克图瓦尔教堂内还藏有鲁本斯的名画。建于1639年的于尔絮利纳修道院,是北美历史最悠久的女子学校,园内有1757年死守魁北克的法国主将孟康的墓园。

评 价

前新法兰西的都城魁北克,是法国探险家查普伦在17世纪早期发现的,从18世纪中叶到19世纪中叶这里一直被英国人统治。城的北部建立在悬崖上,那里还存留有宗教和行政中心,像巴里耶芒要塞和弗隆特纳克堡。南城和老区一起构成了整个城市,成为一个殖民地城市的典范和代表。

——世界遗产评定委员会

加拿大落基山公园群

贯穿不列颠哥伦比亚与艾伯塔两省的落基山脉，其间分布着许多国家公园。皑皑白雪覆盖山峰和幽深宁静的湖泊，地球上最为著名的山脉景致基本上都集中在加拿大落基山公园群的七个系列公园中了。

介　绍

只要提到加拿大，人们就会在脑海里浮现出白雪皑皑的山峰和形状酷似城堡的饭店。每年在艾伯塔和不列颠哥伦比亚地区的这 7 个保护区要接待的游客多达九百多万。落基山区以前经历过强烈的冰川作用，冰川侵蚀形成的地貌，如角峰、冰斗、U 形谷等在这里分布广泛。海拔较高的峰峦就是现代冰川。落基山地形类型多样，像冰川、瀑布、峡谷、温泉等都有分布。落基山脉山峰大多很高，这些高峰的山顶常年被积雪覆盖，在阳光下闪闪发光，雄伟壮观。在高度稍低的山坡上，布满了茂密的针叶林，还有松、杉、柏傲然地耸立着。山间谷地宽广，溪流清澈，山环水绕，景色非常优美。在 22990 平方米的保护区里，班夫、贾斯珀、约虎和库特奈四个国家公园占了绝大部分。班夫国家公园的建立有一段插曲。加拿大在 19 世纪 80 年代时修建横贯大陆的铁路时发现了大量的温泉，于是那里成为当时加拿大第一个保护区公园，而且还因此建立了加拿大国家公园的体系。现在，这里成了著名的避暑胜地，公园里有冰峰、冰河、冰原、

落基山公园群山地冰蚀地貌广布，高山地段存有现代冰川，其中尤以北部落基山明显。

湖泊、高山草原和温泉。它峰奇水秀的景色居北美大陆之首。贾斯珀国家公园内有山川、森林、冰河、湖泊。环绕在群山中的麦林湖、麦林峡谷是公园内稀有的胜地。约虎公园处于班夫公园的西面，人们巧妙地利用大溪谷、冰河、湖泊等自然景观设立公园，园内的翡翠湖平静的湖面照出巴哲斯山的倒影，塔卡考瀑布因410米的落差而响彻云霄。在园内伯吉斯谢尔化石里发现了一百五十多块寒武纪中期的海产化石。

评 价

首尾连接的班夫、贾斯珀、库特奈和约虎国家公园，还有罗布森山、阿西尼博因山与汉伯普罗文秀公园组成了一道美丽的高山风景线，在那里有山峰、冰河、湖泊、瀑布、峡谷和石灰石洞穴。在伯吉斯谢尔化石遗址里发现的著名的海洋软体动物的化石，也在这里被发现。

——世界遗产评定委员会

野牛国家公园

野牛国家公园是加拿大最大的一个国家公园，它坐落在北勃里尔平原，是最能体现加拿大北部广袤无垠特色的地区。

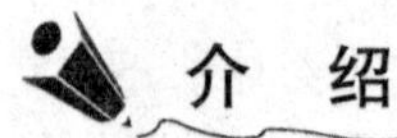

介 绍

野牛国家公园的占地面积有44 807平方千米，由北部辽阔的森林及大草原，以及一些北美洲幸存的未受破坏的巨大草场和莎草牧场组成。正是这个水源和青草都充足的地方养育了世界上最大的流动野牛群，比如众所周知的水野牛。公园建于1922年，它一度成为19世纪末那些躲避了大屠杀的幸存野牛的家园，大屠杀将这些草原霸主的数量从6亿头骤减到寥寥无几的数量。公园内的草原野牛以前生活在北部边境一带，曾经有大约几千头野牛被装船从北部韦恩赖特、阿尔伯向南经皮斯河运载到公园，加入了园内已有的野牛群。

考古学家证实当地土著在8000年以前就在这里居住，这比18世纪早期开始的皮毛贸易还要早得多。欧洲人把他们碰到的土著人称为“比夫尔”（意为水獭）、“斯拉夫里”（意为奴隶）。当皮毛生意西移以后，当地土著就离开了这里。现在，住在公园周围的人大部分是克里族、奇佩维安族、麦提斯族和一些非当地居民。

野牛国家公园生活着世界上最大的自由繁衍的牛群。

几条水量丰富的河流给公园增添了水趣天成的气息。汹涌的皮斯河横穿公园，奴河与阿萨巴斯卡河构成了东部边界。皮斯河与阿萨巴斯卡河所流入的阿萨巴斯卡湖地区是世界上最大的内陆淡水河三角洲。纵横交错的河流与三角洲潮湿的地貌为数不尽的水禽,像鸭子、野鹅、天鹅、潜鸟等提供了栖息地。1982 年国际自然保护组织认为野牛国家公园保护了两处在世界具有重要地位的湿地,一处是皮斯－阿特巴斯卡三角洲,另一处是北美鹤的产卵和孵卵区。皮斯－阿特巴斯卡地区是世界上最大的淡水三角洲之一,也是北美鸟类主要的产卵区和涉禽的季节性栖息地,有的还在此度过春、秋两季。在公园的中北部,由灌木、浅塘、河流和湖泊组成了并不牢固的生态系统,是濒危北美鹤的家园。

1983 年野牛国家公园根据自然遗产遴选标准 N(Ⅱ)(Ⅲ)(Ⅳ)被列入《世界遗产名录》。

评 价

野牛国家公园地处加拿大中北部的平原上,那里有大量的美洲野牛,而且还是美洲鹤的天然巢穴。皮斯河和阿萨巴斯卡河之间有着世界上最大的内陆三角洲,也是这个公园自然魅力最大的地方。

——世界遗产评定委员会

沃特顿冰川国际和平公园

依据亚伯达州(加拿大西部的一个州)和蒙大拿州在1931年的提议,亚伯达州的沃特顿湖区国家公园与蒙大拿州的冰河国家公园被合并组成了沃特顿冰川国际和平公园,这是世界上此类公园的首例。

介 绍

将两个公园合并,其目的不只是在于促进两国的友好交往,两国一起享有更多的收益,也是为了凸显原始自然环境的国际化以及为保护这些原始自然环境进行的必要合作。

沃特顿湖区国家公园面积526平方千米,冰河国家公园占地4051平方千米,刘易斯山脉坐落其中,那里有很多典型的冰川湖,高山风景非常壮观,动植物种类繁多。公园内的山峰大都在3048米以上。包括大约五十处冰川、大量的湖泊和溪流。这里的动植物物种丰富多样,其中就有很多大型哺乳动物和食肉动物,如狼、熊和狮子。沃特顿湖区国家公园是美国本土48个州内能让狼、熊和狮子自然繁衍的唯一去处,这里已被辟为生物保护区。

沃特顿冰川国际和平公园坐落在落基山脉的最窄处,穿越美、加边境,两

国在这一地区没有划定边界线的目的就是要证明自然资源是没有国界的这一信条。这两个国家公园的自然生态环境需要周密保护，因为这里有高山与深谷、林带与草原和注入三大洋的冰山槽状河流湖泊，这些都具有很高的研究价值。

国际和平公园实际上是属于三方的公园：加拿大、美国和布莱克福特联盟。

实际上，像这样在一个地区集中了如此众多的生态环境是很罕见的。而且，从平缓的草原地带到落基山脉，地势的迅速升高使这一国家公园成了“山脉在这里遇见了草原”的地方。这里的野生动物分布也与地理面貌的差异相对应，其中有山羊、加拿大盘羊、绵羊、山狗、灰熊、狗熊，还有二十多种鸟类和著名的“国际”麋鹿种群。土著居民在12000年前就居住在这个地区，直到如今这个国家公园都还保留着对最早出现在这里的国家有重要意义的保留地。

奥林匹克国家公园

奥林匹克国家公园在美国以雨林著称，公园坐落在华盛顿州西北部奥林匹克半岛的中央地区，包括三处生态系统截然不同的山地，所以公园常常也被称作“三处合而为一的公园”。

介　绍

方圆350平方千米的奥林匹克国家公园除了冰雪封顶的奥林波斯山、山区草地、岩石林立的海岸线以外，还包括世界上少数几个温带雨林地带。温和、潮湿的空气遇到山坡抬升降温就产生了大量降雨，茂密的温带雨林在这里快速生长；湿暖、湿润的气候让这里变得繁盛葱绿。起伏的山顶上覆盖着冰川，区内有60千米的海岸线，海岸上是一片景色壮丽的雨林风光。多种多样的生态系统还保持着远古的特色，该区95%的地方仍保持着原始的野生面貌，可谓是奥林匹克公园给人类的一份礼物。

位于公园西南部三条河谷里的雨林，风景秀丽，让人心旷神怡，是公园独具特色的亮点。这里土地肥沃、雨量充沛，适合树木生长。冷

独具特色的温带雨林风光。

杉、云杉、铁杉、雪松和地衣以及菌藻混杂生长在一起，形成一幅典型的雨林植物图谱。地面上到处都是厚厚的青苔，巨大的羊齿植物拔地而起，还有藤蔓缠绕的枫树，这些为林区增添了许多神秘气息。而且在这安静优雅的环境之中，每一个角落又都是一片苍翠，让人以为自己置身绿海之中。公园的东部，是冰川覆盖的山峰，其间还散布着开满斑斓野花的草原，水流湍急的溪涧与剔透晶莹的湖泊。这里有的地方漫山积雪，有的地方掩映:着苍苔。公园内几百千米的羊肠山道，为骑马和徒步者提供了探幽寻秘的机会。

奥林匹克国家公园因其丰富的生态系统而闻名，该地区被冰川隔绝了亿万年，奥林匹克半岛在这种条件下逐渐形成了自己独特的生态系统，在半岛上生长的 8 种植物及 5 种动物在其他地方已经绝迹。这里有世界上最大的针叶树。枫树合抱可达 12 米，树身长满苔藓。地上野花遍地灌木丛生，处处是厥类和地衣。所有的植物都在争夺着生存的空间和阳光。新生和衰落在此往复循环，新的幼苗接连不断从腐败的树干和倒下的树木旁生长出来。公园内现有一百四十余种鸟禽，海滩上还常常留有海豹、黑熊和浣熊出没的痕迹。

生物的多样性、海边风光的壮观、茂密的雨林和险峻、威武的奥林匹克山，所有的一切使奥林匹克国家公园成为一处引人入胜的天堂。

评价

奥林匹克国家公园位于华盛顿州的西北角，奥林匹斯山(2428 米高)高耸其中，公园由此而得名。公园内景色多变，生态系统种类繁多，有许多岩石的海边生长着大量海洋生物，美洲鹿散步其间的山谷中生长着巨大的针叶树森林，崎岖的山巅覆盖着约六十处活动冰川。

——世界遗产评定委员会

自由女神像

1886 年10月28日的纽约港礼炮轰鸣，烟花齐放，美国总统克利夫兰主持揭幕仪式，将闻名遐迩的自由女神雕像接到美国，并置于自由岛上。自由女神像气宇轩昂、神态勇毅，被认为是美利坚民族的标志。

介　绍

对很多美国的移民来说，自由女神成为消除旧世界贫困和压迫的代表，自由女神像从此也成了美国的象征。

自由女神像最初是法国人塑造的。1884 年 7 月 4 日它被当做法国人民赠予美国人民的礼物在法国正式被送给了美国大使。然后，女神像被拆散装箱，用船运到纽约，再重新组装到贝德娄岛（现在的自由岛）上。

由美国建筑师理查德·莫里斯·亨特设计的女神像基座高 47 米。女神像本身高 46 米，所以使火炬的尖端高出地面 93 米。女神像重达 229 吨，腰宽 10.6 米，嘴宽 0.91 米，擎着火炬的右臂长 12.8 米，仅仅一个食指就有 2.4 米长。女神像的脚上是象征推翻暴政的挣断铁镣，左手握着一本《独立宣言》，她头冠上象征自由的七道射线代表七大洲。

法国政治改革是

自由女神像诞生的原动力。1865 年拿破仑三世登上王位。有一位名叫埃杜阿德·迪·拉布莱的学者及他的朋友们都期待结束君主制度,建立一个新的法兰西共和国,他们策划制造一个自由女神像来表达他们对大西洋彼岸的伟大共和国的称赞,也用来激起法国人民和美国人民相互间的同情心。

来自阿尔萨斯的年轻雕塑家弗雷德里克·奥古斯梯·巴托尔蒂在拉布莱的鼓励下开始思考此项工程的设计。巴托尔蒂很久以前就希望在苏伊士运河造一座高擎火炬的巨大的女神灯塔来表现亚洲出现的进步之光。他以最大的热忱筹划这项新的工程。他的自由女神像受到了画家德拉格罗伊克斯的名画《自由神指引着人们》的启示,而女神的脸取材于他自己母亲严峻的面庞和神态……女神像高大无比,加上风吹日晒,给巴托尔蒂和他的工程师(精明能干的埃菲尔铁塔的建造者亚历山大·古斯塔沃·埃菲尔)带来了很大的技术难题。埃菲尔设计了一个由中心支架支撑着的精巧的铁框架。只有 2.4 毫米厚的塑像外层包裹在这个灵活的内框架上。巴托尔蒂起初制作了一个 1.2 米高的小的模型塑像,后来又做了三个,每个都比前一个大,最后终于达到想象中的宏伟规模。

自由女神像基座内还设计建造了介绍美国移民历史的博物馆,并于 1972 年开馆。馆内第一部分介绍在美国居住的印第安人的先祖,讲他们从亚洲越过大西洋,来到这块荒无人烟的大陆。然后介绍了现代的大规模移民情况。通过影视播放、展示模型、摄影图片、绘画、服装等大量的材料介绍来到新大陆的每一个群体,其中还有作为奴隶被船贩来的西非人,以及 19 世纪大量移民来的爱尔兰人、意大利人和犹太人。爱玛·拉扎露丝从自由女神像得到灵感,写下了著名诗篇《新

的巨人》,描述金门桥畔的女神高擎火炬欢迎被旧世界抛弃的平民一拥而来的景象。

1892 年以来,不断有移民船抵达自由岛旁的埃利斯岛。德国人、爱尔兰人、意大利人、斯拉夫人、犹太人说着各自的语言,到处是一片喧哗,忧虑、希望和激情混杂在一起,形成一种热烈的氛围。后来,移民站曾一度被关闭。现在正在修复之中,不久以后将成为国家纪念馆。

评 价

自由女神像是由法国雕塑家巴托尔蒂在巴黎雕塑完成的,然后在埃菲尔的帮助下制成金属制品。这个象征自由的建筑物是法国在 1886 年庆祝美国独立百年时赠送给美国的礼物。从那时到现在,这个高高耸立在纽约港口的自由女神已经迎来亿万移民来到美国这个自由之邦。

——世界遗产评定委员会

黄石国家公园

提起黄石国家公园，人们就会想起它独特的地热现象，这种地质景观奠定了黄石国家公园的自然景观和生态地位，这里有多于世界其他地方的间歇泉和温泉，以及黄石河大峡谷、化石森林等，这些独特之处使黄石国家公园成为世界上第一座以保护自然生态和自然景观为目的而建立的国家公园。

介 绍

凭借这里的文化遗迹能够判断黄石公园的文明史可以上溯到12000年前。比较近的历史能够从这里的历史建筑，还有各个时期保存下来的公园管理人员以及游人使用的公用设施体现出来。公园占地8 806 平方千米，99% 的面积都还没有开发，因此许多物种得以繁衍，这里拥有陆地上数量最大、种类最多的哺乳动物群。

黄石公园处于完完全全的自然状态，是保存在美国 48 个州中罕见的大面积自然环境之一，在这里，你能够真实感受大自然的魅力。6 月—8 月是旅游的高峰时期，公园为了保护游人的安全、保护所有的自然文化遗产，出台了许多规章制度。公园的主体部分位于怀俄明州的西北

角,有一小部分延伸到蒙大拿州西南部和爱德华州的东南部。

黄石国家公园内有温泉3000处,其中间歇泉300处,许多喷水高度超过30米。

黄石公园在1995年被列入《濒危世界遗产名录》。使人忧虑的是,由于黄石河流域矿藏开采的影响,公园的遗址受到隐性的威胁。而使公园受到威胁的原因还有污水的渗漏以及废弃物的污染;非法引进的外地湖泊鲑鱼和本地黄石鲑鱼的生存竞争;道路修建与年复一年游客们的到来给公园带来的压力。为了根除兽群中普鲁氏菌病而实施的控制措施,也对野牛存在潜在威胁。美国官方指出,所有这些问题都需要受到高度重视而且要采取相应的措施来减少损失。

美国总统1996年9月声称要通过一项大家都认可的关于矿藏开采的决定。国家决定斥巨资来彻底根除黄石公园所受到的潜在威胁。其他相关治理措施以及对黄石公园可能造成的威胁的报告也已上交到世界遗产委员会。目前,美国政府已采取切实措施来保护黄石国家公园。

依据1872年3月1日的美国国会法案,黄石公园"为了人民的利益被批准变成公众公园和娱乐场所",同时也是"为了使其中所有的树木、矿石的沉积物、自然奇观和风景,还有其他景物都保持现有的自然状态从而免于破坏"。黄石公园可以称得上是世界上最原始、最古老的国家公园。

评 价

在广阔的怀俄明州自然森林区内,黄石国家公园占地8806平方千米。在那里可以看到令人惊叹的地热现象,而且还有三千多眼间歇泉、喷气孔和温泉。黄石国家公园设立于1872年,它还因为拥有灰熊、狼、野牛和麋鹿一类的野生动物而中外闻名。

——世界遗产评定委员会

历史名城墨西哥

墨西哥城和赫霍奇米尔科公园坐落于阿纳瓦克山谷中部，被高耸的火山顶峰包围。墨西哥城建于14世纪，具有重要的政治和文化功能，是阿兹特克人的国家首都和联邦地区主要城市。

介　绍

阿兹特克人于14世纪在墨西哥山谷定居，并于1325年建立了他们的首都，当时此地叫做特诺奇蒂特兰城（后来的墨西哥城）。这个阿兹特克人心目中的神圣城市被城墙环绕成为一个整体，人们还把运河和漂浮公园设置成网络形状，使城市布局更加规整。

阿兹特克部落的繁荣时期出现在15世纪，那时帝国达到了发展的鼎盛时期，控制着伸展到墨西哥湾的贸易往来。

1519年，西班牙人考尔特和他的部队跨过关口来到山谷中寻找黄金。在这一时期，莫克特朱马二世的城市是新世界中最有地位的城市建筑。在宗教改革之后，殖民者考尔特与阿兹特克人仇视的部落合作，于1521年攻陷并洗劫了特诺奇蒂特兰城。

考尔特在特诺奇蒂特兰城取得的胜利保证了新首都墨西哥城市的建设，泄湖的水直到18世纪才被排干。

墨西哥城的历史中心是邻近马约尔神庙的四边形广场佐卡罗，佐卡罗广场建在早期特诺奇蒂特兰城的城市广场的基础上，赫霍奇米尔科公园见证了阿兹特克人的湖上作业。墨西哥

城按照直线坐标图规划城区，在早期的堤坝上勾画出要道的外形。西班牙人的新城市没有城墙，而是用水道环绕城市作为防御。

墨西哥城中心的殖民地建筑呈现出连贯的整体性，并且采用一种火山原料来加强其结构。建在佐卡罗平坦的空地上的建筑物风格从巴洛克式到新古典式风格各异。同时马约尔神庙附近的废墟也印证了特诺奇蒂特兰城不同的发展阶段。

14 世纪—19 世纪，特诺奇蒂特兰城和墨西哥城对当时建筑的构思和艺术手法、空间的组织产生了决定性的影响。马约尔神庙残存着失去的文明传统。由于墨西哥城线性式规划，广场和街道布局匀称、宗教建筑富丽堂皇，堪称新世界西班牙人建筑的杰出典范，赫霍奇米尔科公园的湖上景观成为了仅存的西班牙人占领之前的文明遗迹。

评价

16 世纪时，西班牙人在特诺奇蒂特兰的废墟上建成了阿兹特克首都。这个城市是今天世界上面积最大、人口最稠密的城市之一。除了五座阿兹特克庙宇之外，这里还有大教堂，以及 19 世纪和 20 世纪建造的大厦，如精美的艺术品。赫霍奇米尔科城南有密集的运河和人造岛屿，阿兹特克人通过不懈地努力在艰苦的环境中建立了一个适于人类居住的地方。

——世界遗产评定委员会

卡拉科姆鲁的玛雅城

卡拉科姆鲁位于南坎佩切森林中心，离危地马拉边界只有30千米。这个考古地点是1931年第一次被美国生物学家赛勒斯·伦德尔在航天测量时发现的。

介　绍

卡拉科姆鲁的纪念碑是玛雅文化的典型代表，为这个城市的政治发展和文化底蕴作出了很大贡献。同时卡拉科姆鲁展现给世人一系列保存十分完好的纪念碑，是12个世纪以来玛雅文明建筑、艺术、和城市发展的典型代表。

它是最大的玛雅文明遗址之一，占地大约七十平方千米，在鼎盛时期曾拥有50000人口。市中心的北侧有厚厚的城墙，大概是最重要的军事防御建筑。考古学家还发现这个遗址被运河和小河等大约二十二平方千米的水面包围着。

卡拉科姆鲁是人类居住建筑发展重要时期的典型代表。如今向游客开放的区域可分为两部分：第一个部分是被Ⅱ号～Ⅷ号建筑包围的大的开阔活动中心广场，第二个部分是坐落在卡拉科姆鲁中心的西北方向的大雅典卫城。

中心广场（Ⅱ号～Ⅷ号建筑）：中心广场的南面是Ⅱ号建筑，这个锥形的平台建筑是卡拉科姆鲁的第二大平台，以在其顶端能看到开阔的景观而闻名于世。整座平台占地 140 平方米，高 55 米。考古学家已经挖掘出一部分平台遗址来探测其建筑年代。目前已经向游客开放了几层。探测结果显示最早的建筑可以追溯到前古典时期的晚期，而锥形建筑的最终的建造阶段则延伸到了古典时期后期。

Ⅱ号建筑的下面有一组雕刻的纪念碑，其他一些散落在建筑的内部。卡拉科姆鲁最早的注明日期的两个纪念碑与平台连接。这两个纪念碑包括 43 号石碑，和最近才发现的 114 号石碑。

在Ⅱ号建筑上面，有一个古典时期修建的宫殿。通过考古学家的勘测，我们知道这个宫殿（Ⅱ号建筑 B 区）有 9 个带有 38 个壁炉的房间，一些磨谷物用的磨盘，一个拥有壁龛的高台，一个祭坛和一些坟墓。古典时期后期的一个新的死者埋葬的陪葬品有史前骨头古器物，陶器和坏的磨盘，这个古典后期建造的坟墓已被挖空了。那时进入这个建筑是受限制的，最后完全禁止进出。

Ⅵ号建筑，侧面与中心广场的西面相接，最初也是前古典时期后期修建的。这个建筑物后来重建，与Ⅳ号建筑统一起来横跨广场。站在卡拉科姆鲁的楼梯上，面向东方，在夏至能够观赏太阳在Ⅵ号建筑 A

区后面升起,冬至在C区后升起,春分或秋分在B区后升起。Ⅲ号建筑坐落在中心广场的东南郊外,在20世纪80年代后期被发掘。它是一个宫殿建筑,有12个房间,可供20个~30个人使用。Ⅱ号建筑B区的磨盘、壁炉和烹饪用的器皿证明这里曾是宫殿的厨房。与Ⅱ号建筑B区不同的是,Ⅲ号建筑建于古典时期早期,是围绕一个精致的坟墓修建的。

Ⅲ号建筑内的带顶的坟墓现在被推测建于公元5世纪。在坟墓内部,考古学家发现了一具男尸,死时应有30岁。尸体放在一个编织席上,尸体上抹有一层红色颜料,脸上带着一个镶花的翡翠面具。还有3副玉耳塞,一个玉镯,32颗玉珠,8252粒珍珠,还发现了5个做工复杂的陶瓷器皿。考古学家们得出结论,这个坟墓的主人应该是卡拉科姆鲁的早期统治者之一。与玛雅其他建筑不同的是,这个建筑在后来的历史中没有经历重大的变故或被占领。

评 价

卡拉科姆鲁是修建在墨西哥南部的铁拉斯巴扎斯的热带雨林深处的一个重要的玛雅遗址,在这个地区十二个多世纪的历史中扮演着关键的角色。雄伟的建筑结构及其独特的整体布局保存得相当完好,给世人展现了一幅鲜活的古玛雅首都的生活画面。

——世界遗产评定委员会

苏克雷古城

苏克雷于1538年始建，地处安第斯山脉的东部，整个苏克雷城跨越了一个宽度为2800米的山谷，而且处在海平线上。它由两座山峰所包容，一座是斯开斯卡山，另外一座是群克拉山。

介 绍

苏克雷城与矿城波多斯相距175千米。苏克雷是群萨卡州的首府，成为历史上的贸易文化与政治中心，1900年由拉巴斯建立政权，推行资本主义立宪制。1538年，彼扎罗建立了整个地区的政权，从那时起，苏克雷城的前身拉普拉塔开始创建。1554年，苏克雷城的第一座教堂——拉扎罗教堂建成。

拉普拉塔被作为主教所在地同时取得城市的地位是在1533年，1561年开始建设首府大教堂。1561年，拉普拉塔成为夏卡斯朝拜者的圣地的首府，管辖着秘鲁北部，也就是现在的玻利维亚。

众多的教堂、修道院的修建，也让拉普拉塔成为文化的中心，教士们在1624年建立了圣弗朗西斯·维泽尔大学，还在1776年创建了远近闻名的矿城。在它的发展过程中，拉普拉塔在1545年—1560年与兴盛的矿城波多斯联系紧密，这里水银矿的繁荣与发展推动了整个欧洲的经济。

1825年，苏克雷将军在阿亚库巧的胜利也为玻利维亚的独立打下了基础，新政权以解放者玻利维亚的名字命名，并且维多利亚将军将首都命名为苏克雷。

苏克雷城地处一个四通八达的直角格中，城市的中心是一个巨大的广场。其余比较小的广场、花园和绿地与整个城市的人文和充满绿色的环境成为一个和谐的整体。

苏克雷最古老的教堂是始建于1538年的圣拉萨罗教堂，当时用印第安人传统方法以土坯和草木灰建造。

由几大宗教团体创建的大量的塔和钟楼在安第斯地形中形成了一道优美的风景线，这些能够追溯到西班牙初期（16世纪）的建筑和后来的纪念碑相结合，保存完好，共同形成了众多的风格。从正面来看，它们基本上是白色的，而用砖角、阳台、铸铁的花格图案和木制的百叶窗，正是它建筑上融合了拉丁美洲当地风格与从西班牙引入的外来风格完美结合的典范，是人类宝贵的文化遗产之一。

评 价

苏克雷历史城是由西班牙人在16世纪上半叶修建而成的，一度成为玻利维亚的首都。城市中有许多宗教建筑，就像圣洛伦佐教堂、圣弗朗西斯科教堂和圣多明各教堂等，他们拥有保护良好的图画，同时也展示了地方传统和欧洲风格的融合。

——世界遗产评定委员会

玛努国家公园

公园位于玛努与保卡坦博省境内，安第斯山脉东侧的斜坡上，是由悬崖峭壁延宕而来。公园占地面积为1.5万平方千米，海拔高度在150～4200米不等。

介　绍

玛努国家公园的气候介于安第斯的寒冷、干燥与亚马孙森林的酷热、潮湿之间，变化多样。但是关于公园中降雨量的记载并不多见。每年的10月份到第二年的4月是雨季，月均降水量超过200毫米，而5月初到9月末月均降水量减少到100毫米。全年气温变化不大。6月份温度最低，平均气温为11.1℃；10月份最热，平均气温为25.4℃。

玛努国家公园中，受保护的生物种类堪称世界之最。该公园几乎包括了秘鲁东部地区的所有生态环境因素：低层的热带丛林、山区森林和普纳草地。每一种生态环境中都生长着各自的动物群及植物群。玛努公园也因此成为亚马孙盆地中最富有个性、也最具有代表性的公园。

在不同高度的地理位置上，有不同的植物群生长。在玛努国家公园比较常见的植物类型是低层的热带雨林、山区热带雨林和普纳草原。低层的丛林一般生长于冲积平原和河间山地。由于受到周期性水源的影响，生长于河间山地的植物的繁茂随着月降水量的不同而有所变化；冲积平原上的植物则很可能会受到周期性洪水泛滥的

影响；山区森林则有相对稳定的水源供给，并且处于温度较低的外界环境中。而且公园中的植物种类繁多。

玛努国家公园是秘鲁最大的自然保护区，也是全球最大的保护区之一。

公园中的鸟类种类达一千多种，约占世界上所有鸟类的15%。其中已经被识别出来的哺乳动物有13种猴子，蝙蝠类约有一百种，至少有13种鸟类是全球已知的濒临灭绝的动物，还包括黑凯门鳄、巨型水獭和虎猫。此外，还有形形色色的鱼类、两栖动物和无脊椎动物。

公园中至少有四个不同的民族部落长期居住，其中以阿拉瓦克民族中的马奇根家族部落最大，也是最负盛名的一个。移植栽培是该地居民非常重要的农耕方式。

评 价

玛努国家公园的面积有1.5万平方千米，从海拔150～4200米各层分布着不同种类的植物。在低层的热带丛林中，生活着濒危的动物和植物。此处已发现八百五十多种鸟类以及罕见的巨型水獭和硕大的犰狳等动物。美洲虎也经常出没在这个公园里。

——世界遗产评定委员会

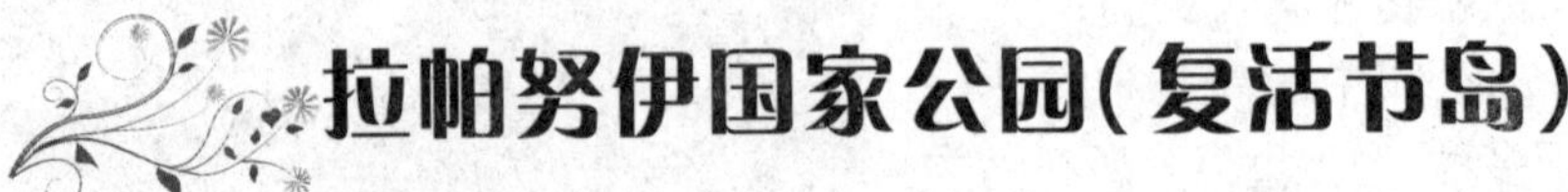

拉帕努伊国家公园(复活节岛)

挪威考古家兼人类学者海约达赫尔对复活节岛进行了富有建设性的研究。他用西印度轻木做成木筏,用芦苇做船,在海上成功地进行了远洋航行。

介　绍

迄今为止,人们已知道印加社会前期,玻利维亚境内的的喀喀湖附近的蒂瓦那河与复活节岛之间的文明曾有过交流。另外复活节岛与秘鲁似乎也曾有过联系。据说西班牙征服者在秘鲁曾听说有一个遥远的岛国文明十分昌盛。最初的探险者们在复活节岛发现了芦苇,还有一些蔬菜,如马铃薯、丝兰等,这类植物原先都生长在南美一带。传说复活节岛有两拨居民,另一拨是来自东方长着长耳朵的人,一拨是来自波利尼西亚长着短耳朵的人。

复活节岛上种种稀奇古怪、令人费解的现象,充分说明了现实总是比小说更为离奇。复活节岛是个火山岛,形状有点像三角形,体积为6912 立方千米,独自静静地躺在太平洋中,离其他人类居住的地方有千米之遥。1722 年,当欧洲人在复活节那天第一次登上此岛时,首先见到的便是那些围绕着小岛排成圆形的数量惊人的巨大石雕,它们神情专注地凝望着远处的大海。岛上的人们友好地举着火把欢迎这些登陆的不速之客。在火光映照下,船长罗杰芬与他的荷兰船员们发现这些岛民有三个人种:黑种人、红种人和长着红发的白种人。他们中有些人在长得特别大的耳垂上戴着银盘般的耳环。这些人看起来好像很敬畏巨大的雕像。

岛上几乎看不到妇女,而且似乎有许多人钻入地底下的洞穴中去了,人们无法看见。1770 年一队西班牙探险者们从秘鲁出发偶然路过此岛时,也曾有过相同的发现。岛上的人仍旧很友好,庄稼也长得很好。

然而时隔4年,当库克船长到来时,情形就大不一样了。原先友好的岛上,站满了手持木棍与长矛,满怀敌意的人们。那些巨大的石雕也不再令人敬畏,被推翻在地。到了19世纪,这里成了奴隶贩子们出没的活跃之处。直到复活节岛上的文明被践踏、摧残,即将遭到毁灭的时候,西方世界才开始对这里的一切进行研究。

西方传教士向岛上的劫后余生者传播基督教,说服他们放弃对梅克神的信仰而改信耶稣上帝。牧师在去传教时发现当地人的屋里都供奉着一种造型奇特的小神像,不过他们对这尊神像好像并不敬重。后来在岛上还发现了刻有象形文字的木板。

这些留存下来的木板刻有的文字被当地人称为"荣戈—荣戈"的经文。经文中的象形符号的含义,仍是不解之谜。

复活节岛上最神秘的还是那七百多个巨形石雕,当地人称其为"莫埃"。多数高约4~5米,重4~5吨,还有更大的,足有20米高,重达80吨。这些雕像头很大,下巴外突,耳朵很长。有些石雕顶部有块红岩石,就像是另外戴了一顶"帽子"。在一个石坑处还有一些石雕的半成品。复活节岛的巨石像就这样静默地站立着,给人们留下无限的想象。

古代复活节岛上的人们究竟用了什么方法,才成功地搬动了这些笨重的石雕呢?调查表明石像重心不高,所以只要15个人用绳子便能将其举起并迅速移动。关于石雕的制造与搬运似乎已不再是个谜了。

复活节岛石像。

但是人们仍然想不通的是:石雕究竟代表着什么?代表神灵,还是代表复活节岛岛民的祖先?它们又为何凝望着远方的大海?

评 价

“拉帕努伊”是当地人对复活节岛的称呼,复活节岛人使用拉帕努伊语,证明了一种独特的文化现象。波利尼西亚人约在300年时在那里建立了一个社会,他们不受外部影响,创建了富有想象力的、独特的巨型雕刻和建筑。从10世纪—16世纪,这个社会建筑了神殿并竖立起了巨大的石像,它们至今仍是一道无与伦比的文化风景,使整个世界为之着迷。

——世界遗产评定委员会

孔贡哈斯的仁慈耶稣圣殿

17 世纪末期和 18 世纪早期，丰富的金矿和钻石矿的发现，吸引了大量的探险者来到孔贡哈斯，其中最多的是葡萄牙人。

介　绍

在 1700 年前后，一些葡萄牙人定居在雷阿尔克卢什（即今天的拉法耶蒂顾问城）。从那里开始，一些人出发去寻找新的贵重金属矿脉，在他们探寻的路上，逐渐形成了一些小村庄，这就是同比村镇的最初由来；也有人相传，这个城镇是由一群矿工建立的，他们为了躲避欧鲁普雷图的饥荒才逃跑出来，流浪到了孔贡哈斯。

在 1734 年随着附近河床地区金矿的发现，孔贡哈斯的定居人口一下子激增起来。人们开始时定居于一条河流的右岸，17 世纪末期奴隶制在这里建造了第一座教堂——罗萨里奥圣母城。当蜂拥而至的淘金矿工们来到这里后，于 1749 年开始建造了玛特里斯圣母教堂。

马图济尼奥斯的仁慈耶稣宏伟圣殿的建造开始于 1757 年，圣殿建在一个称为奥托马拉尼昂的小山上。这项工程促进了对河流左岸的开发。一位虔诚的耶稣教徒，建造了这座许愿教堂。当时一流的画家安东尼奥·弗兰西斯科、利斯博阿和阿莱雅丹赫，充分发挥了他们的才干，对建筑工作给予了极大的帮助。教堂的旁边，是 12 个由皂石做成的先知画像和 64

圣殿由源于意大利风格具有豪华的洛可可式内饰的教堂组成。

个大小相等的雕像，这些雕像描述了耶稣在十字架上受难的情景，它们是由阿莱雅丹赫雕刻，由阿塔尔德绘制的。在1985年，联合国教科文组织将这些建筑列为世界遗迹和人类历史文化遗产。

在很多人的不断捐助和努力下，圣殿的建设才成为可能。这些人在淘金的过程中也变得富有起来。

不久，金矿的枯竭导致了这个地区繁华不再，经济开始不景气，只有9月份在马图济尼奥斯宏伟的仁慈耶稣圣殿庆祝期间，这个村庄才会有额外的资金收入。当时，朝圣活动吸引了大量的信徒，使这一活动成为米纳斯吉拉斯州最大的一个宗教朝圣盛会，并且已经延续了二百余年。

在第二次世界大战之后，铁矿的开采又重新给小镇的经济注入了新的活力，当地人口达到了40000人。大型矿产开采公司确保了这个城镇成为米纳斯吉拉斯州的主要税收地区之一。

评 价

建于18世纪中叶，圣殿由具有意大利风格的豪华的洛可可式内饰的教堂组成，门外的楼梯装饰有先知的雕像，7座小教堂组成十字架的形状，亚历杭德里诺言创作的多彩的雕像富有新颖、生动的巴洛克艺术风格。

——世界遗产评定委员会

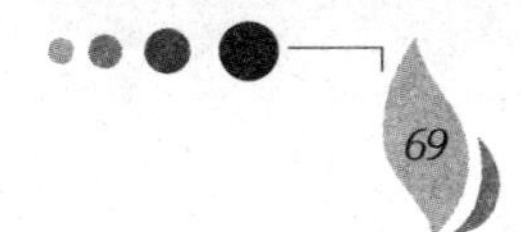

欧鲁普雷图古城

欧鲁普雷图修建于17世纪末，位于伊塔科罗山脉的附近，沿着里奥·杜·法尼尔峡谷，坐落在半山坡。它是米纳斯·吉拉斯开矿地区的中心，是采矿和文化中心。

介　绍

“黑金”之称的由来颇为有趣，因为这里的金矿中富含金属元素钯，钯能够吸收气体，使黄金的表面呈现出黑色的光泽，因此欧鲁普雷图又被称为“黑金之城”。

欧鲁普雷图是巴西历史上淘金热的发源地，是巴西独立运动的发源地，也是巴西文化的一座丰碑。城市中的一座宏伟的巴洛克建筑和众多达到登峰造极地步的巴洛克艺术，使这里成为巴西巴洛克建筑和艺术的博物馆。为此，欧鲁普雷图被巴西政府尊为“国家财产”，也被联合国教科文组织定性为“人类文化遗产”。

17世纪末，在淘金热的第一次热潮之后，欧鲁普雷图地区是1698年的采矿兴起运动的一个站点。在1712年，散布的营地结合在一起形成了威拉里卡（现在的欧鲁普雷图地区）。在作为圣保罗和米纳斯·吉拉斯地区政府的一个部门之后，米纳斯·吉拉斯政府于1720年独立。威拉里卡成为其首都，这种状态一直延续到1897年。

尽管采金热潮的全盛时期是在1730年左右，但欧鲁普雷图直到1740年才渐渐发展成一座城市。在18世纪的50年里，城市进入了它的全盛时期，新建了大量的建筑。阿

“黑金之城”欧鲁普雷图。

西斯·圣·弗朗西斯科教堂——著名的巴西艺术家阿累伽底农的作品也在这个时期动工。欧鲁普雷图在那个时代成为了学术与艺术活动的中心;到18世纪末,独立运动蓬勃发展,最终导致了巴西的独立。

欧鲁普雷图的城市形态应归属于自然生成,不严整的建筑风格是城市多丘陵地理形态的结果。其细长的城市主建筑由错综复杂的街道围绕着交通主动脉与第二大街交汇于市区中心。

风格相近的建筑群由红色的瓷砖房顶和粉刷的白色墙壁的底部住房组成;他们的木结构单元和装饰都绘以明亮色彩。更多纪念性建筑包括精雕细刻的砖石结构教堂深受晚期巴洛克风格(18世纪后半期)的影响,还有众多的城市建筑由泥砖砌筑。

评 价

欧鲁普雷图整体修建于17世纪末,欧鲁普雷图(黑金之城)是18世纪黄金潮的聚集地,18世纪是巴西的黄金年代。随着19世纪黄金产量的下降,欧鲁普雷图的地位也逐渐下降了,但是许多的教堂、桥梁和喷泉依然完好如初,作为过去城市繁荣和巴洛克雕刻家亚历昂德里诺建筑艺术高潮的见证。

——世界遗产评定委员会

伊瓜苏国家公园

伊瓜苏瀑布镶嵌于绿色丛林中，是一处壮观的白水飞瀑。

介　绍

伊瓜苏河发源于塞罗多马，靠近圣保罗南部的巴西海岸，向西注入内陆，全长约一千三百二十千米，河流沿着曲折蜿蜒的河道流淌，在穿越巴拉那高原之前，由于支流汇入而使河水上涨，河流途经七十多个瀑布，落差约四十米，几乎可与尼亚加拉大瀑布相媲美。

伊瓜苏河最终流到巴拉那高原的边缘，在它汇入巴拉那河前不远处，在伊瓜苏瀑布上方飞流直下。此处的伊瓜苏河宽约四千米，河水就在整个宽度上，在陡峭的新月形高崖处倾泻而下。共有 275 条独立的大小瀑布，其中有些瀑布垂直插入 82 米深的大谷底，还有一些被撞击成一系列较小的瀑布汇入河流。这些急速下落的小瀑布被抗蚀能力较强的岩脊所击碎，激起漫天的水雾在艳阳下形成闪烁不定的灿烂彩虹。

在两条小瀑布之间的岩石突出处，长满绿树、棕榈、翠竹和花边状的树蕨形成了丛林周围的前哨。树下，热带野花——秋海棠、凤梨科植物，还有各种鸟类组成了色彩缤纷的热带景象。

巴西和阿根廷两国的国家公园都在瀑布的一侧，通常需要经由另一侧才能到达瀑布。或者从直升飞机上获得最佳视点，将惊心动魄的全景收入眼底。

体验瀑布飞泻千里的壮观景象最具有刺激性的方法是跨越河流上空的狭窄通道，从紧靠山脉的另一侧飞渡瀑布至远端的一侧。有时,小路会被洪水充盈的河流冲掉,如果你靠近这一地区,就会感受到因河水直泻深渊而形成的巨大能量。每年 11 月到第二年的 3 月是这里的雨季,充盈的雨水使瀑布蔚为壮观。

在巴拉那河和伊瓜苏河汇合处的上游 160 千米处是萨尔托多斯塞特奎达斯瀑布,或叫瓜伊拉瀑布。这条瀑布的平均高度只有 34 米,但就其年平均径流量而言,它却是位居世界首位的瀑布。瀑布上缘宽 5 千米,每秒流量为 13300 万立方米,相当于在 0.6 秒钟内充满伦敦圣保罗大教堂的圆顶。

巴拉那河是世界第五大河,目前已经拦河筑坝并开发水电,水电站选址在巴拉圭和巴西交界处的伊泰普,人工开通了一条水道,通过特殊建造的拦洪坝,将河流的主流转移到水道内,然后修筑围堤,使主坝得以开工。并在东侧(巴西一侧)修建一条溢洪道。主坝安装了拥有 18 台发电机组的水电站。建筑工程竣工后,围堤废除,闸门关闭了 40 天,给水库充水,最终形成一个长 116 千米、占地 1554 平方千米的新湖。经过 14 年的奋战,浇灌了 2800 万吨混凝土,作为当时世界上最大的大坝和水电工程终于在 1988 年并网发电。其发电机组拥有12 600兆瓦的发电能力,足以供应整个巴拉圭以及巴西的工业城市里约热内卢和圣保罗的用电。

评 价

作为世界上最大最壮观的瀑布,伊瓜苏瀑布在长度上延伸至 2700 米。许多稀有和濒危动植物物种在公园中得到保护,包括大水獭和大食蚁兽。瀑布产生的云雾滋润着植物的生长。

——世界遗产评定委员会

大西洋沿岸森林保护区

在1991年,地处于巴西南巴伊亚州的大西洋沿岸热带雨林保护区被联合国教科文组织列入世界生物圈保护计划;1999年,它又被列入世界文化遗产。被划定为世界文化遗产的区域面积为1119.3平方千米,在它的周围还有一些没有被列入保护计划的缓冲地带。

介　绍

大西洋沿岸的热带雨林保护区有三种地貌,并且每种地貌都有着不同的地质形成年代。保护区内年代最久远的岩石是前寒武纪变质岩和岩浆片麻岩,它们生成了保护区内地势最高的山岭,这些山岭散布在距海最远的地方;第三纪的石灰岩沉积生成了保护区内的高地以及地势缓冲的丘陵;第四纪沉积物以及来自海里的沙石经沉积后形成了高低起伏的海岸以及一些沿海沙丘。

基德船长的"冒险"号在大西洋上整整漂荡了一年。

大西洋沿岸热带雨林保护区属湿润的热带雨林气候,年平均降水量在1500毫米~1750毫米,其中每年八、九月份和一、二月份降水极少,特别是对于内陆及远离海洋气候的地区,这个季节的干燥情况十分显著。全年空气的相对湿度基本在80%。一年中主要刮东风,春天风力特别强劲;到了冬天,风从各个方向吹来，非常柔和。大西洋沿岸热带雨林保护区的年平均气温为22℃～24℃。

位于巴西南巴伊亚州和北圣埃斯皮里图州的雨林是世界上单位面积树种最多的地方。据纽约花卉组织最新的调研报告，巴伊亚州10000平方米森林中有458种不同树种；另据其他组织调查，圣埃斯皮里图州的雨林每10000平方米就有476个树种。

大西洋沿岸热带雨林保护区最基本的植物是被二三十米的高大树木遮掩下的各种喜水的热带阔叶林。下层丛林因为阳光有限，生长条件受限，但仍可见长势喜人的棕榈树、兰花和苔藓地衣。在较为干燥的地区，棕榈树和藤蔓植物则尤为常见。在大西洋沿岸热带雨林保护区内的很多地方有一些次生植物群，它们主要是由众多的真菌、寄生植物和浓密的灌木丛构成的。在沙滩土壤中，根据距海的远近，植被从潮湿的草原和灌木丛再到低矮的森林慢慢变化。而在荒芜的沙石地区，生长着一些特殊的耐旱植物，如：藤蔓植物、兰花属植物和地衣等。

保护区内珍贵的动物多是鸟类和灵长类动物，也有一些大西洋沿岸雨林所特有的动物，如树懒、箭猪、美洲虎和耳朵呈簇状的小型长尾猴。尽管在这一地区只捕获过4种蝙蝠，但有记载的啮齿类动物却是很多。

大西洋沿岸热带雨林保护区有着深厚的文化内涵，它是近代史中西欧殖民者首次侵占新大陆时期的唯一实物见证。该地最著名的历史名胜当属波尔图、佛得角，以及圣克鲁斯中心。在这里已发现了很多考古点，巴西第一个教堂的遗址就是在北波尔图的一个峭壁上发现的。

亚　洲

YA ZHOU

北京故宫

故宫位于北京市中心，旧称紫禁城，是明、清两代的皇宫。故宫是中国举世无双的古代建筑杰作，也是世界现存最大、最完整的古建筑群。被誉为世界五大宫之首（北京故宫、法国凡尔赛宫、英国白金汉宫、美国白宫、俄罗斯克里姆林宫）。

介　绍

北京故宫始建于 1406 年，至 1420 年基本竣工，是由明成祖朱棣亲自下令修建的。故宫的设计者为蒯祥（1397 年—1481 年，字廷瑞，苏州人），他的最初设计方案经过了多次的修改与研讨，才最终确定。为了完成这一浩大的工程，明政府征调了 30 万民工，耗时 14 年才终告完成。故宫的建筑面积达 15.5 万平方米，占地面积为七十二万多平方米，有房屋 9999 间半（现存八千七百余间），主要建筑是太和殿、中和殿和保和殿，保和殿也是科举考试举行殿试的地方，殿试的第一

故宫标志着中国悠久的文化传统，显示着五百多年前匠师们在建筑上的卓越成就。

至第三名分别称状元、榜眼、探花。

故宫建成后，经历了明、清两个王朝，到1911年清帝退位的约五百年间，历经了明、清两个朝代共计24位皇帝，是明清两朝最高统治核心的代名词。

1911年辛亥革命爆发，满清末代皇帝宣布退位，按照那时拟定的《清室优待条件》，"逊帝"爱新觉罗·溥仪被允许"暂居宫禁"，即"后寝"部分。1924年，冯玉祥发动"北京政变"，将溥仪逐出宫禁，同时成立"清室善后委员会"，接管了故宫。1925年10月10日宣布故宫博物院正式成立，对外开放。1925年以后紫禁城才被称为"故宫"。

1961年，国务院宣布故宫为第一批"全国重点文物保护单位"。从20世纪五六十年代起对其进行了大规模的修整。1988年故宫被联合国教科文组织列为"世界文化遗产"。现辟为"故宫博物院"。

直到今天，在世界优秀建筑家的眼中，故宫的设计与建筑，仍是一个无与伦比的杰作。无论是它的平面布局，立体效果，还是形式上的雄伟、辉煌、庄严、和谐，都显得是那样的相得益彰、豪华壮丽。

中国传统的建筑艺术在屋顶形式的表现上是极为丰富多彩的，在故宫建筑中，不同形式的屋顶就达10种以上。以三大殿为例，屋顶的建筑就各尽其妙、各不相同。同时，故宫建筑屋顶还铺满着各色琉璃瓦件。主要殿顶以黄色为主，绿色用于皇子居住区的建筑，其他颜色还有蓝、紫、黑、翠以及孔雀绿、宝石蓝等，真是色彩缤纷，晶莹剔透。此外，太和殿屋顶当中正脊的两端各有琉璃吻兽，稳重有力地吞住大脊。吻兽造型优美，是构件又是装饰物。一部分瓦件塑造出龙凤、狮子、海马等立体动物形象，象征吉祥和威严，这些构件在建筑上均起到了不可或缺的装饰作用。

故宫的宫殿是沿着一条南北向中轴线排列的。三大殿、后三宫、御花园都位于这条中轴线上，并向两旁对称展开。这条中轴线不仅贯穿在紫禁城内，而且南达永定门，北到鼓楼、钟楼，贯穿了整个城市，气魄宏伟，规划严整，极为壮观。

故宫的前部宫殿设计特点尤为突出，整体建筑造型宏伟壮丽，庭院明朗开阔，象征着封建皇权的至高无上。太和殿坐落在紫禁城对角线的中心，四角上各有10只吉祥瑞兽，生动形象，栩栩如生。

故宫的后部内廷在建筑上达到了庭院深邃，建筑紧凑的视觉效果。此外，东西六宫建筑虽整体上整齐划一，但各自却又自成体系。各有宫门宫墙，相对排列，秩序井然，再配以宫灯联对，绣榻几床，都是体现适应豪华生活需要的布置。内廷之后是宫后苑。后苑里有岁寒不雕的苍松翠柏，有秀石迭砌的玲珑假山，楼、阁、亭、榭掩映其间，幽美而恬静。

故宫是几百年前劳动人民智慧和血汗的结晶。在当时的社会生产条件下，能建造这样宏伟高大的建筑群，充分反映了中国古代劳动人民极高的智慧和创造才能。

评 价

紫禁城是中国五个多世纪以来的最高权力中心，它以园林景观和容纳了家具及工艺品的九千多个房间的庞大建筑群，成为明清时代中国文明无价的历史见证。

——世界遗产评定委员会

长 城

长城是中华文明的瑰宝,是世界文化遗产之一,也是与埃及金字塔齐名的建筑,还是人类的奇迹。在遥远的两千多年前,是劳动人民以血肉之躯修筑了万里长城。长城是中国古代人民智慧的结晶,也是中华民族的象征。

介 绍

长城是古代中国在不同时期为抵御塞北游牧部落联盟侵袭而修筑的规模浩大的军事工程的统称。长城东西绵延上万华里,因此又称作万里长城。现存的长城遗迹主要为始建于14世纪的明长城,西起嘉峪关,东至辽东虎山,全长8851.8千米,平均高6米至7米、宽4米至5米。长城是我国古代劳动人民创造的伟大的奇迹,是中国悠久历史的见证。它与天安门,兵马俑一起被世人视为中国的象征。

春秋战国时期，各国诸侯为了防御别国入侵，修筑烽火台，并用城墙连接起来，形成最早的长城。以后历代君王几乎都加固增修。它因长达几万里，故又称作“万里长城”。据记载，秦始皇使用了近百万劳动力修筑长城，占全国总人口的二十分之一。可当时没有任何机械，全部劳动都得靠人力，而工作环境又是崇山峻岭、峭壁深壑，十分艰难。长城东起鸭绿江，西至甘肃嘉峪关，从东向西行经 10 个省区市。长城的总长度为 8851.8 千米，其中人工墙体长度为 6259.6 千米，堑壕和天然形成长度为 2592.2 千米。

根据历史文献记载，修建长城超过 5000 千米的有三个朝代：一是秦始皇时修筑的西起临洮，东止辽东的万里长城；二是汉朝修筑的西起今新疆，东止辽东的内外长城和烽燧亭障，全长一万三千多千米；三是明朝修筑的西起嘉峪关，东到鸭绿江畔的长城，全长 8851.841 千米（2009 年修订）。若把各个时代修筑的长城总计起来，在 5 万千米以上。这些长城的遗址分布在我国今天的北京、甘肃、宁夏、陕西、山西、内蒙古、河北、新疆、天津、辽宁、黑龙江、河南、湖北、湖南和山东等十多个省、市、自治区。

长城在中国历史的长久岁月中，许多封建王朝为了巩固自己的统治，曾经对它进行过多次修筑；我国古代千千万万劳动人民为它贡献了智慧，流尽了血汗，使它成为世界一大奇迹。不论是巨龙似的城垣，还是扼居咽喉的关隘，都体现了当时设防的战争思想，而且也标志着当时建筑技术的高度成就。因此砖的制品产量大增，砖瓦已不再是珍贵的建筑材料，所以明长城不少地方的城墙内外檐墙都以巨砖砌筑。其次，许多关隘的大门，多用青砖砌筑成大跨度的拱门，这些青砖有的已严重风化，但整个城门仍威严屹立，表现出当时砌筑拱门的高超技能。从关隘城楼上的建筑装饰来看，许多石雕砖刻的制作技术都极其复杂精细，反映了当时工匠匠心独运的艺术才华。

美不胜收的慕田峪长城雪景。

秦始皇陵兵马俑

秦始皇是中国历史上第一位实现大一统的封建皇帝。他的陵墓位于陕西临潼县城东 5 千米处,距西安 36 千米的骊山脚下。这座规模庞大无比的陵墓,不仅是中国历史上第一座皇帝陵,也是最大的皇帝陵。

介　绍

"秦王扫六合,虎视何雄哉!"

这个脍炙人口的诗句出自我国唐代大诗人李白的笔下,它以磅礴的气势歌颂了秦始皇的辉煌业绩,同时也描述了营造秦始皇陵工程的壮观场面。

秦始皇陵墓形似方形,顶部平坦,中间部分略呈阶梯形,高 76 米,东西长 345 米,南北长 350 米,占地 120750 平方米。根据初步考察,陵园分内城和外城两部分。内城呈方形,周长达三千米左右,内、外城之间有葬马坑、珍禽异兽坑、陶桶坑;陵外有马厩坑、人殉坑、刑徒坑、修陵人员墓葬四百多个,范围广及 56.25 平方千米。陵墓地宫中心是安放秦始皇棺椁的地方。钻探资料表明,秦始皇陵地宫四周均有 4 米厚

1987 年，秦始皇陵及兵马俑坑被联合国教科文组织批准列入《世界遗产名录》。

的宫墙，宫墙还用砖包砌起来，并且找到了若干个通往地宫的甬道，发现甬道中的五花土并没有人为扰动破坏的迹象。只发现两个直径 1 米，深度不到 9 米的盗洞，但这两个盗洞均远离地宫，尚未进入秦始皇陵地宫之内。此外，秦始皇陵地宫中存在大量水银的事实，更是其未遭到盗掘的有力证据。因为地宫一旦被盗，水银就会顺盗洞挥发掉。由上述理由可以推断，秦始皇陵地宫可能没有被盗。随着最新科技手段的运用，地宫是否被盗掘和焚毁的真相将会大白于天下。

1974 年以来，在陵园东 1.5 千米处发现了秦始皇陵从葬兵马俑坑共三处，成“品”字形排列，出土陶俑 8000 件、战车百乘以及数万件实物兵器等文物。1980 年又在陵园西侧出土青铜铸造的大型车马两乘。引起了全世界的震惊和关注，这些按当时军阵编组的陶俑、陶马为秦代军事编制、作战方式、骑步卒装备的研究提供了形象的实物资料。

秦始皇兵马俑陪葬坑，是世界最大的地下军事博物馆。俑坑布局合理，结构奇特，在深 5 米左右的坑底，每隔 3 米架起一道东西向的承重墙，兵马俑排列在墙间空档的过洞中。俑坑中最多的是武士俑，身高 1.7 米左右，最高的达 1.9 米。陶马高 1.5 米左右，身长 2 米左右，战车与实用车的大小一样。人、马车和军阵是通过写实手法的艺术再现。秦俑大部分手执青铜兵器，有弓、弩、箭镞、铍、矛、戈、殳、剑、弯刀和钺。青铜兵器因经过防锈处理，埋在地下两千多年，至今仍然光亮锋利如新，它们是当时的实战武器，身穿甲片细密的铠甲，胸前有彩线挽成的结穗。军吏头戴长冠，数量比武将多。工匠们用写实的艺术手法把秦俑表现得十分逼真，在这个庞大的秦俑群体中包容着许多个性鲜明的创作，使整个群体更显得活跃、真实、富有生气。纵观这千百个将士俑，其雕塑艺术成就已完全达到了一种艺术美的高度，来自中国各地的高超工匠，把自己对艺术的深刻领悟表现在了秦俑的各个方面，从而在艺术上完美再现了大秦铁骑“奋击百万，横扫六合”的雄浑军阵，也让后人深刻理解了那个时代所达到的艺术高度。

兵马俑的发现被誉为“世界第八大奇迹”，“20世纪考古史上的伟大发现之一”。秦俑的写实手法作为中国雕塑史上的承前启后艺术为世界瞩目。现已在一、二、三号坑成立了秦始皇陵兵马俑博物馆，对外开放。

评 价

秦始皇陵位于陕西省西安市以东35千米的临潼区境内，秦始皇陵是中国历史上第一个多民族的中央集权国家的皇帝秦始皇于公元前246年—前208年营建的，也是中国历史上第一个皇帝陵园。其巨大的规模、丰富的陪葬物居历代帝王陵之首，是最大的皇帝陵。据史载，秦始皇为造此陵征集了70万个工匠，建造时间长达38年。

——世界遗产评定委员会

彩绘陶俑。

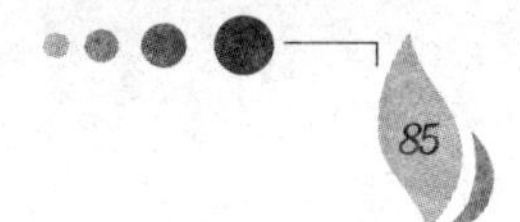

拉萨布达拉宫

布达拉宫是我国著名的古代建筑,位于西藏拉萨市西北角玛布日山上。宫殿建筑金碧辉煌、气势雄伟,整个建筑体现了汉藏文化的融合,是藏族建筑艺术的精华。

介　绍

布达拉意为“佛的圣地”,是梵语的音译,布达拉宫始建于公元7世纪吐蕃王朝赞普松赞干布时期,松赞干布在这里建造了宫殿迎娶了文成公主,又建造了大昭寺,吸引了大批的朝圣者。后来大昭寺被雷击和兵乱毁坏,仅存法王洞、圣观音两个房间。1645年,五世达赖在松赞干布所建宫殿遗址上,重建了寝宫、大殿、围墙、门楼等建筑物。此后历代达赖喇嘛不断改修宫殿建筑,才有了今日之规模。

布达拉宫是我国古代建筑中的精品,具有很高的历史、艺术和科学价值,是藏民传统的优秀建筑。建筑整体为石木构造,宫殿外墙厚达2米~5米,地基直接埋入岩层。墙体为花岗岩砌筑,十分坚固稳定。屋顶和窗檐采用木制结构,飞檐外挑,屋顶采用歇山式和攒尖式,在风格上与汉族建筑相似。墙面上的形象都是佛教法器或八宝,藏传

佛教色彩非常浓厚。内部走廊错落,空间曲折多变。宫内墙面绘有精致壁画,是名不虚传的艺术之宫。壁画题材内容广泛,是一部难得的西藏历史画卷。

从17世纪中叶到1959年前,布达拉宫一直都是历代达赖喇嘛生活起居和从事政教活动的地方,是西藏地方政教合一的统治中心。从布达拉宫建成到今天的漫长岁月里,布达拉宫收藏和保存了大量的历史文物、宗教法器、唐卡、雕塑、佛塔、典籍等数以万计的艺术珍品。宫中还有用藏、汉、满、蒙4种文字所书的康熙皇帝长命牌位和乾隆皇帝画轴,以及清朝皇帝御书的匾额,这些都表现了历代达赖和中央政府的隶属关系。

"世界屋脊明珠"布达拉宫是集建筑、历史、文化艺术和宗教于一身的宫堡式建筑群和文物巨库,在世界宫殿建筑艺术中也是首屈一指的。它也是中华各民族团结和国家统一的有力见证。

评 价

布达拉宫坐落在拉萨河谷中心海拔3700米的红色山峰之上,是集行政、宗教、政治事务于一体的综合性建筑。它由白宫和红宫及其附属建筑组成。布达拉宫自公元7世纪起就成为达赖喇嘛的冬宫,象征着西藏佛教和历代行政统治的中心。优美而又独具匠心的建筑、华美绚丽的装饰与天然美景的和谐融洽,使布达拉宫在历史和宗教特色之外平添几分风采。

——世界遗产评定委员会

敦煌莫高窟

敦煌莫高窟是甘肃省敦煌市境内的莫高窟、西千佛洞的总称，是我国著名的四大石窟之一，也是世界上现存规模最宏大，保存最完好的佛教艺术宝库。

介　绍

敦煌莫高窟俗称“千佛洞”，“千”意为多。莫高窟被誉为20世纪最有价值的文化发现、“东方卢浮宫”。1961年，它被列入第一批全国重点文物保护单位之一。1987年，被列为世界文化遗产。其坐落在河西走廊西端的敦煌，以精美的壁画和塑像闻名于世。它始建于十六国的前秦时期，历经十六国、北朝、隋、唐、五代、西夏、元等历代的兴建，形成巨大的规模，现有洞窟735个，壁画4.5万平方米、泥质彩塑2415尊，是世界上现存规模最大、内容最丰富的佛教艺术圣地。近代发现的藏经洞，内有五万多件古代文物，由此衍生专门研究藏经洞典籍和敦煌艺术的学科——敦煌学。

莫高窟是古建筑、雕塑、壁画三者相结合的艺术宫殿，尤以丰富多彩的壁画著称于世。敦煌壁画容量和内容之丰富，是当今世界上任何宗教石窟、寺院或宫殿都不能媲美的。环顾洞窟的四周和窟顶，到处都画着佛像、飞天、伎乐、仙女等。有佛经故事画、经变画和佛教史迹画，也有神怪画和供养人画像，还有各式各样精美的装饰图案等。莫高窟的雕塑久享盛名。这里有高达33米的坐像，也有十几厘米的小菩萨，绝大部分洞窟都保存有塑像，数量众多，堪称是一座大型雕塑馆。

莫高窟是一个九层的遮檐，也叫“北大像”，正处在崖窟的中段，与崖顶等高，巍峨壮观。其木构为土红色，檐牙高啄，外观轮廓错落有

敦煌壁画。

致，檐角系铃，随风作响。其间有弥勒佛坐像，高 35.6 米，由石胎泥塑彩绘而成，是中国国内仅次于乐山大佛和荣县大佛的第三大坐佛。莫高窟的造像除四座大佛为石胎泥塑外，其余均为木骨泥塑。塑像均为佛教的神佛人物，排列有单身像和群像等多种组合，群像一般以佛居中，两侧侍立弟子、菩萨等，少则 3 身，多则达 11 身。彩塑形式有圆塑、浮塑、影塑、善业塑等。这些塑像精巧逼真、想象力丰富、造诣极高，而且与壁画相融映衬，相得益彰。

莫高窟的壁画上，处处可见漫天飞舞的美丽飞天——敦煌市的城雕也是一个反弹琵琶的飞天仙女的形象。飞天是侍奉佛陀和帝释天的神，能歌善舞。墙壁之上，飞天在无边无际的茫茫天空中飘舞，有的手捧莲蕾，直冲云霄；有的从空中俯冲下来，势若流星；有的穿过重楼高阁，宛如游龙；有的则随风漫卷，悠然自得。画家用那特有的蜿蜒曲折的长线、舒展和谐的意趣，呈献给人们一个优美而空灵的想象世界。

敦煌自古以来就是丝绸之路上的重镇，一度颇为繁华，周边石窟寺亦颇多。但由于历史上的保护不周，目前文献损失较为严重。

原本莫高窟在元代以后变得鲜为人知，几百年里基本保存了原貌。但自藏经洞被发现后，旋即吸引来许多西方的考古学家和探险者，他们以极低廉的价格从王圆箓处购买了大量珍贵典籍和壁画，运出中国或散落民间，严重破坏了莫高窟和敦煌艺术的完整性。

1907 年，英国考古学家马尔克·奥莱尔·斯坦因在进行第二次中亚考古旅行时，沿着罗布泊南的古丝绸之路，来到了敦煌。当听说莫高窟发现了藏经洞后，他找到王圆箓，表示愿意帮助兴修道观，取得了王园箓的信任。于是斯坦因就被允许进入藏经洞拣选文书，他最终只用了 200 两银两，便换取了 24 箱写本和 5 箱其他艺术品。1914 年，斯坦因再次来到莫高窟，又以 500 两银两向王圆箓购得了 570 段敦煌文献。这些藏品大都捐赠给了大英博物馆和印度的一些博物馆。大英博物馆现拥有与敦煌相关的藏品约 1.377 万件,是世界上收藏敦煌文物最多的地方。

1908 年,精通汉学的法国考古学家伯希和在得知莫高窟发现古代写本后,立即从迪化赶到敦煌。他在洞中拣选了三星期,最终以 600 两银两为代价,获取了一万多件堪称菁华的敦煌文书,后来大都收入法国国立图书馆。

1909 年,伯希和在北京向一些学者出示了几本敦煌珍本,这立即引起学术界的注意。他们向清朝学部上书,要求甘肃和敦煌地方政府马上清点藏经洞文献,并运送进京。清廷指定由甘肃布政使何彦升负责押运。但在清点前,王圆箓便已将一部分文物藏了起来,押运沿途也散失了不少,到了北京后,何彦升和他的亲友们又自己攫取了一些。于是,1900 年发现的五万多件藏经洞文献,最终只剩下了 8757 件入藏京师图书馆,现均存于中国国家图书馆。

对于流失在中国民间的敦煌文献,有一部分后来被收藏者转卖给了日本藏家,也有部分收归南京国立中央图书馆,但更多的已难以查找。王圆箓藏匿起来的写本,除了卖给斯坦因一部分以外,其他的也都在 1911 年和 1912 年卖给了日本的探险家吉川小一郎和橘瑞超。1914 年,俄罗斯佛学家奥尔登堡对已经搬空的藏经洞进行了挖掘,又获得了一万多件文物碎片,目前藏于俄罗斯科学院东方学研究所。虽然早在 20 世纪初就有罗振玉、王国维、刘半农等人在北京、伦敦、巴黎等各地收集、抄录敦煌文献,但对莫高窟的真正保护始于 1940 年。1941 年至 1943 年,著名画家张大千对洞窟进行了断代、编号和壁画描摹。1943 年,国民政府将莫高窟收归国有,设立敦煌艺术研究所,由常书鸿任所长,对敦煌诸石窟进行系统性的保护、修复和研究工作。1950 年,研究所改名为敦煌文物研究所,依然由常书鸿主持,到 1966 年以前,已加固了约四百个洞窟,抢修了 5 座唐宋木构窟檐,并将周边十余平方千米划定为保护范围。1984 年,中国政府进一步将敦煌文物研究所升格为

敦煌研究院，充实了科技力量，开展治沙工程，积极利用数字化技术和其他技术来加强保护工作。

莫高窟是一座伟大的艺术宫殿，是一部形象的百科全书。它以艳丽的色彩，飞动的线条，诉说着对理想天国的热爱，我们似乎也感受到了大漠荒原上纵骑狂奔的不竭激情，或许正是这种激情，才孕育出壁画中那样张扬的想象力量！

吴哥窟

吴哥窟是柬埔寨的佛教古迹，也是柬埔寨古代石构建筑和石刻浮雕的杰出代表。大约在1150年建造的吴哥窟是世界上寺庙建筑群中最大和最著名的庙宇。吴哥窟是高棉国王领土内千百个宗教建筑之一。

介　绍

六百多年以来，整座吴哥古迹被丛林榛莽所湮没。如今部分地区又恢复到原来的样子。许多树木穿过建筑物在石缝中顽强地生长，所以致使一些主要的寺庙都被毁掉了。但人们依然千里迢迢奔向这里，因为这里是人们心中的圣地。

众所周知，印度教诞生于印度，是印度的国教，但印度教的建筑精品却在柬埔寨。柬埔寨的宗教建筑群与中国的万里长城、埃及的金字塔和印度尼西亚的婆罗浮屠并称“东方文化四大奇迹”。12世纪时，神王苏利耶跋摩二世皇帝建造了这座宏伟的吴哥寺。吴哥窟是敬献给印度教神灵毗瑟拿的，它不仅是一所寺庙，还是苏利耶跋摩一世的陵墓。柬埔寨的高棉统治者在10世纪—13世纪统治着一个非常强大的王国。他们认为自己是毗瑟拿在尘世的化身。吴哥窟这座天堂的宫殿是国王的灵魂神游的地方。

神秘而迷人的吴哥窟。

寺院周围有壕沟维护着，墙外还有巨大的蓄水池。吴哥窟的设计和谐优美，规模巨大的城池内有两

道围墙，还套着一座方形石城。游人通过外墙的城门进入城中就可以看见整座主体建筑物耸立在紧密相连且重叠的平台上面。这座圣殿的中心上方有一座 61 米高的塔。经过几道门、一座台阶，以及宽敞的庭院，就会到达高塔下，它的四周围有四座较低的塔，它们是四个附属寺庙的标志。

吴哥窟生动活泼的雕塑装饰和它严谨匀称的设计相得益彰。石雕上生动地雕刻着印度史诗中的场面。在长达数百米连续不断的长廊浮雕上展现了高棉历史上著名人物的风貌。

吴哥窟是一座出色的建筑，它体现了对体积、空间，以及几何体组合运用的精湛造诣。当时的建筑技术非常有限，但高棉人却能将石头运用得恰到好处，拱形结构和穹顶的建筑方式也被石头诠释得淋漓尽致，整座建筑被人们赞叹不已。

高棉艺术深受印度教和佛教的影响。这两种教派在高棉都一样受到尊重。吴哥城是高棉文化鼎盛时期修建的建筑，位于吴哥窟附近，它的中心是佛教寺庙巴戎寺。这里也有圣塔、长方形的回廊，中央有一个高耸的圣坛。鲜活而逼真的浮雕塑造了统治者骑在大象上威风凛凛的形象，在他的周围是拥挤的人群，甚至能够看到正在跳舞的女郎。这里供奉的是涅槃的饶王佛。吴哥城每座石塔顶上雕刻的都是四个巨大的笑脸，象征神明保佑。

巴米扬山谷

中亚地区的文明古国阿富汗是古代丝绸之路上的重要城市。巴米扬石窟坐落于现在阿富汗中部巴米扬城北兴都库什山区海拔2590米的一条小河谷中,在它的北面是兴都库什山的支脉代瓦杰山,向南是巴巴山脉,巴米扬河从山间流过,巴米扬石窟就开凿在代瓦杰山南面的断崖上。

介　绍

巴米扬山谷是西方的佛教圣地,几个世纪以来它一直是人们朝圣的中心。

巴米扬山谷的佛像和岩洞艺术是中亚地区干达拉文化中佛教艺术的典范,但巴米扬山谷的佛像和洞窟所具有的标志性的象征意义反而使遗址多次受到威胁,其中最严重的一次是2001年那次震惊世界的蓄意爆炸行为,这就不得不让人思考对古文化遗产的保护问题了。

巴米扬是位于古代丝绸之路上的一个多山地的国家,这个地理位置是连接印度、西亚与中亚的交通要塞,光辉灿烂的东西方文化都曾在这里交融,中国唐代著名僧人玄奘从长安出发到印度取经,就曾经路

过巴米扬。他在其著作《大唐西域记》中将此地译作“梵衍那国”，并细致描写了王城中的佛教寺院和高大精美的佛像。玄奘法师所见到的梵衍那国的寺庙和佛像中，应该就包括今天已经遭受彻底毁坏的巴米扬石窟群和东西大立佛。

世界闻名的巴米扬石窟有着两项世界之最，首先巴米扬石窟是现存最大的佛教石窟群；其次，巴米扬大佛是世界上最高的古代佛像。巴米扬石窟全长一千三百多米，各种各样的洞窟约有七百五十个，与我国新疆拜城的克孜尔石窟和甘肃敦煌的莫高窟相比要大得多。巴米扬石窟群中最吸引人目光的是分别开凿在东段和西段的两尊立佛像，就是被称为“东大佛”和“西大佛”的两尊佛像，两佛相距 400 米，造型十分地醒目。东大佛高 35 米，身披蓝色袈裟，西大佛高 53 米，身披红色袈裟，佛像的脸部和双手都涂有金色。巴米扬山谷是杰出的文化景观，描述了佛教发展史上一段辉煌的历史。巴米扬大佛雕造时间约为 4 世纪—5 世纪，历经岁月风蚀，战火沧桑，到如今已有一千五百多年的岁月。巴米扬石窟在建成后的千百年中，饱经战火的摧残。有记载的大规模破坏，前后有 4 次。第一次发生在阿拉伯帝国的军队征服巴米扬期间，大约发生在 8 世纪；第二次是在 13 世纪初，成吉思汗蒙古大军的铁蹄践踏了这块土地，巴米扬石窟没有逃过这次战火的劫难，在梵衍那城成为断壁残垣后，巴米扬石窟也被严重损坏；第三次是在 19 世纪，帝国主义将战火烧到阿富汗领土时，驻扎巴米扬的英军击毁了巴米扬石窟的两尊大佛，从此巴米扬大佛变得千疮百孔，肢残体断。2001 年 3 月，阿富汗的塔利班武装派别居然不顾联合国和世界各国人民的强烈反对，动用大炮、炸药等各种只有在战争中才使用的武

器，摧毁了巴米扬包括塞尔萨尔和沙玛玛在内的所有佛像。

巴米扬佛像群到今天已经满目疮痍。山崖下只剩下佛像形状的石窟和佛像被破坏的残骸，石窟外到处是佛像碎片和黄土块。塞尔萨尔只剩下一个佛像的轮廓，佛像硕大的胳膊留下的凹痕依然醒目。虽然佛像已不见当年的踪影，但仰头望去，仍不难想象出当年的恢弘景象。

评 价

融合了希腊文化和印度文化风格的巴米扬山谷的佛像和岩洞艺术是公元1世纪—6世纪古代巴克特里亚文化宗教历史的优秀代表，它将多种文化的内涵融汇进了干达拉文化中的佛教艺术。巴米扬山谷建筑有众多的寺庙，也保存着穆斯林时代的军事工程。巴米扬山谷还见证了塔利班炸毁两尊巴米扬大佛的悲剧。

——世界遗产评定委员会

泰姬陵

修建于1631年—1654年的泰姬陵体现了一个国王对他深爱的妻子铭心刻骨的思念。几百年风雨沧桑过后，这座举世闻名的爱情丰碑仍然散发着不凡的魅力。

介　绍

1631年莫卧儿皇帝的妻子在生第14个孩子时难产去世。她那时只有36岁，却已结婚18年，这对她的丈夫沙贾汗来说失去的不仅仅是深爱的妻子，同时也是一个得力的助手。据说沙贾汗穿了两年丧服（据另一记载，他的头发因悲伤而变白了）。他立誓要建一个配得上他妻子的、无与伦比的陵墓来怀念他的妻子。最终人们都见识了他伟大的成功。在这个让人叹为观止的建筑物上，刻着沙贾汗爱妻名字的缩写：泰姬·玛哈尔。

泰姬陵不仅是爱情的见证，更是建筑史上的奇迹。

泰姬陵永远也不会使人厌倦，它总是能令人赞叹不已。它在一天里的不同时间及不同的自然光线中显现出不同的特点。尽管它只是一座陵墓，它却没有通常陵墓所有的凄凉。相反的，它会让你觉得它似乎在天地之间飘浮着。它的结构对称协调，花园和水中倒影巧妙地结合在一起，创造了令所有游览者叹为观止的奇迹。据说大约有二万名工匠参与了泰姬陵的建造，历时22年才完成。传闻一位法国人和一位威尼斯人也参与了工程的部分工作。到目前为止仍没有关于泰姬陵建造者的记载——而这样对这个建筑物是非常适合的，因为建造它的本意就在于让人们只记住陵墓中的人。

泰姬陵是由从322千米外的采石场运来的大理石建造的，而它并不是一座纯白色的建筑。数以万计的宝石和半宝石镶嵌在大理石的表面，陵墓上的文字是用黑色大理石做的。从一道雕花的大理石围栏上就能够看出其出色的雕刻工艺。阳光照射在围栏上时投下变幻无穷的影子。以前曾经有银制的门，里面有金制栏杆和一大块用珍珠穿成的帘盖在皇后的衣冠冢上（它的位置在实际埋葬地之上）。虽然盗墓者们窃去了这些价值连城的东西，不过泰姬陵的宏大华美还是使人为之倾倒。

泰姬陵位于一个风景区内，威严壮丽的通道喻示着天堂的入口，上方有拱形圆顶的亭阁。以前在这里曾经建有一扇纯银的门，上面装饰着几百个银钉，但所有这些珍贵宝物都已被劫走，而如今的门是铜制的。

有关沙贾汗想在亚穆纳河的另一边为自己建一座同样的黑色大理石陵墓的传说好像并没有多大的真实性。他的儿子篡夺王位后，将他的父亲囚禁在阿格拉的一个城堡内长达9年，直到他去世。

泰姬陵表现了莫卧儿王朝建筑成就的高峰。陵墓主体竖立在一个底座上，上面装饰有塔，人们对它充满了敬仰之情。这种风格的纪念陵墓在印度北部有所发展，但不久后就消失了。

庄重典雅的泰姬陵。

侯迈因在德里的陵墓是在1564年开始修建，它是泰姬陵的雏形，坚实、威严却不失精致、典雅。17世纪70年代沙贾汗的儿子在奥芝加巴德也为他的妻子仿造了一座泰姬陵，只是它缺少泰姬陵的协调和韵味。德里的另一座陵墓赛夫达贾之墓在1753年开始修建，被称为是“莫卧儿建筑最后的闪光”，但是它并不是一座人们千方百计要建造观赏的建筑物。和孟加拉的总督威廉·本廷克爵士设计的阴谋比起来，泰姬陵内奇珍异宝的失窃就不值一提了。19世纪30年代，威廉·本廷克阴谋策划拆除当时疏于管理而杂草丛生的泰姬陵，意图将大理石运去伦敦出售，但是由于从德里红堡上拆下的大理石没有找到买主，这个阴谋才未付诸实施。后来，到20世纪初印度总督才又重新修复了泰姬陵。

毋庸置疑，泰姬陵是世界上完美艺术的典范。这座全部由大理石建成的建筑几乎无可挑剔，月光之下的泰姬陵更给人一种置身天堂的感觉。它除了表达了沙贾汗对爱妻的深情思念之外，也是他给人类的一份厚礼。

评价

泰姬陵是一座由白色大理石建成的巨大陵墓清真寺，是莫卧儿皇帝沙贾汗为纪念他心爱的妻子在阿格拉修建的。泰姬陵是印度穆斯林艺术尽善尽美的瑰宝，是世界遗产中让人叹为观止的经典杰作之一。

——世界遗产评定委员会

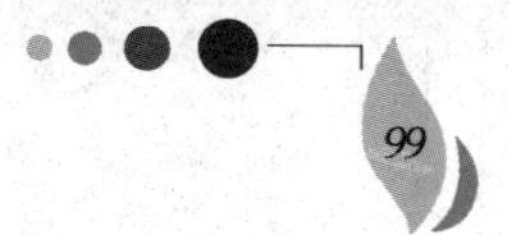

大马士革古城

古人将大马士革城修建在陆上丝绸之路岔路口的绿洲上面，它的对面是黎巴嫩山脉，与西南部的拜拉达河相邻。古城内的建筑富丽堂皇，庄严壮丽，堪称建筑史上的奇葩。在阿拉伯的古书中，有这样一段话："人间若有天堂，大马士革必在其中，天堂若在天空，大马士革必与它齐名。"

介 绍

从史书上看，公元前 15 世纪时人们就对大马士革有所记载，大马士革一直以来都是宗教、贸易和政治的中心。

一支犹太人的部落在公元前 11 世纪中期时就定居在这里。公元前 10 世纪时，大马士革成为了亚美尼亚王国的首都，当时非常有名的哈达德神庙就建于此。历史上的大马士革城历经巴比伦人、埃及人、赫梯人、亚述人和波斯人在内的多次入侵，后来亚历山大大帝征服了大马士革。再后来，到了塞琉西王朝时期，安条克将大马士革取代而成为新的都城。公元前 64 年，大马士革被罗马人占领，当时已希腊化的大马士革成为了罗马叙利亚省的一部分，并渐渐显出繁荣的趋势。在文化和宗教上较为明显的变化则是在哈达德神庙的旧址上建起了一座用来供奉朱庇特的神庙。公元 636 年拜占庭帝国战败后，穆斯林占领了这座与西方有 10 个世纪之久联系的

城市。公元7世纪—8世纪，大马士革成为了阿拉伯帝国倭马亚王朝的首都。公元705年—715年，一座大清真寺又在原来罗马神庙的旧址上诞生。1516年起，大马士革被奥斯曼土耳其侵占达400年之久。

大马士革古城已经存在了4000多年，是亚洲也是世界上最古老的城市之一。

大马士革的布局保留了倭马亚王朝哈里发时期的建筑风格，古城由一道具有城门的防卫城墙围护。在设计上保留了一些罗马和拜占庭时期的规划结构（如按四个方位基点进行定向的街道）。大马士革古城起源于伊斯兰教，有旅行车队圈地、光塔等为证。

在大马士革，大清真寺的风格可谓独特而臻于完美，它的建筑风格影响深远。倭马亚王朝哈里发时期的整体建筑印证了大马士革的辉煌岁月，而它的宗教性建筑是大马士革作为穆斯林城市的原始证明。从城市的沿革上看，大马士革城市的发展和基督教、伊斯兰教等宗教发展联系在一起。

评价

大马士革建于公元前3世纪，是中东地区最古老的城市之一。中世纪时期，大马士革是繁荣的手工业区（刀剑和饰带）。在它源于不同历史时期的125个纪念性建筑物中，以公元8世纪的大清真寺最为壮观。

——世界遗产评定委员会

越南下龙湾

越南下龙湾国家公园位于河内东部，占地1553平方千米，以景色秀美多姿而远近闻名。一千六百多个大大小小的岛屿如星般点缀在下龙湾内，堪称奇观。由于下龙湾中的小岛都是石灰岩的小山峰，且造型迥异，景色优美，与中国的桂林山水有异曲同工之妙，因此有“海上桂林”之称。

介　绍

下龙这个词的含义是指蜿蜒入海的龙。传说这里的人们曾尝尽了外敌的侵略之苦，龙神们为了拯救他们，曾在天空上方出现，那些岛屿就是龙用来惩罚入侵者，从嘴里吐出宝石而变成的。下龙湾分为三个小湾，在一碧千里的海面上，石灰岩岛屿若繁星密布，尖峰耸峙，奇石嶙峋。

下龙湾国家公园的历史并不悠久。由于越南连年的争战，很长时间以来，并没有进行文化遗产的保护。后来这项工作始于 Do Manh Kyiha 先生。即使是在入伍后，他也在朋友的帮助下，收集了很多相关展品。

Do Manh Kyiha 还直接参与了下龙湾国家公园博物馆的创建工作。在1962年的越南战争期间，他终于将他的梦想化为现实——下龙湾被正式批准

为国家公园。32 年后的 1994 年，下龙湾国家公园终于以它独特的美丽，让联合国教科文组织为之“动心”，从而成为世界文化遗产。

下龙湾斗鸡石。

来到下龙湾国家公园，你可以在湾里乘舟欣赏岛上的秀丽美景，也可以直接到岛上的石洞作一次观瞻。与此同时，你还能与船上的渔人们交谈，感受一下渔乡的风土人情。在祖母绿色的海湾中游历，细细体会着美丽的岛屿风光，真是一种此生难得的享受。

越南下龙湾国家公园的美景是靠着人们的不断维护而成为今天的样子的。修复石洞，日夜在岛上巡逻，发掘和研究古代遗址，这一切使得公园里的景观变得越来越美丽。令人惊讶的是，如此繁复的工作却是由一百多人完成的。没有他们的辛勤工作，下龙湾国家公园绝不会像现在这样风景如画。

越南下龙湾国家公园属国家所有，海拔高度在 100 ~ 200 米。下龙湾内有大量石灰岩岩石、片岩岛以及少量土质小岛，总共有一千六百个岛屿，这当中有 1000 个已命名。岛上有各种各样的奇花，有些岛屿还拥有原始热带森林的风光。高度在 100 ~ 200 米的大型岛屿位于下龙湾的南部，其间点缀着高 5 ~ 10 米的零星小岛。下龙湾东部是一些中等大小的岛屿，岛上的斜坡近乎平直，很有特色。这些岛上还有众多的岩石、钟乳石和石笋。下龙湾内的群岛上只有土质的岛屿上有人类生活的踪迹。

根据初步的统计，越南下龙湾国家公园里有大约一千种鱼。在岛上还发现有大量的哺乳动

物、爬行动物和各种鸟类。公园里现已发现许多处考古点。在很早以前,下龙湾曾是中国、日本及其他东南亚国家贸易往来的重要港口。

下龙湾国家公园对任何人来讲,都称得上是值得一去的风景胜地。在1990年—1991年的一年时间里,它就吸引了无数的中外客人前来观赏游玩。下龙湾国家公园最重要的保护意义就在于它的自然景观,当然还有地质学上的因素。下龙湾生物物种尤其是水生物种的多样性及众多的考古遗址也都应该得到人们对它们的保护和研究。

评 价

下龙湾位于越南。上面的1600个岛屿和小岛构成了一幅独特的海景。因为那里地势险峻,大部分岛屿上面杳无人烟,所以才能保持其美丽的自然风光。此地优美的生态景观突显了它不同于其他地区的美学意义。

——世界遗产评定委员会

下龙湾风光。

耶路撒冷古城

耶路撒冷作为西亚古城，是古代西亚各族人民的宗教活动中心之一，是犹太教、基督教和伊斯兰教的圣地。它位于巴勒斯坦中部，东离死海24千米，西距地中海56千米。城市建于犹地亚山地顶部，海拔790米。古城具有典型的东方色彩，多清真寺、教堂，各种宗教圣地和古迹遍布。

介　绍

犹太人从“托拉”（希腊语“五经”一词的希伯来语译文，指《旧约》之首五卷）得知，先知们预言的弥赛亚最终将会出现在锡安山（昔日一度被称为“大卫城”的耶路撒冷的七块高地之一）上，到那时，所有民族都一定会合而为一。为了能够尽快实现这一预言，来自四面八方的虔诚的犹太教徒们都希望死后能被葬在这一圣山旁的墓地里。经文中清楚地记载着，即使在那时，犹太人也应当仍然是“一个神圣的国家，一个祭司的民族”，不与其他国家融合为一。这是建立一个不仅是世俗王国，也是宗教王国的以色列国家首都“永远”都是耶路撒冷的根本理由之一。

在每年春、夏、秋、冬的四季轮回中，都有数以万计这三大宗教中的虔诚的朝圣者从四面八方涌向耶路撒冷。其实，耶路撒冷主要朝圣地集中在旧城一个被4000米城墙环绕的相对狭小的地区内。

岩石圆顶寺是保存最完

好、最为重要的伊斯兰早期建筑杰作。岩石圆顶寺有一个八角形的底座,底层外部由大理石建成,底座上部和支持圆顶的圆柱形墙壁由成千上万块的彩陶拼贴而成的,华美无比。岩石圆顶寺的穹顶是半圆形的,正好覆盖在整个建筑的中间,这无疑是对古罗马和拜占庭建筑的借鉴和继承。但又与古罗马和拜占庭建筑不完全相同,这个圆顶虽然是具有古罗马和拜占庭建筑的庄严,但却没有古罗马和拜占庭建筑的庞大和沉重,它更像是一座建筑的装饰。

阿克萨清真寺是伊斯兰教第三大圣寺,地位仅次于麦加圣寺和麦地那先知寺。“阿克萨”在阿拉伯语中意为“极远”,故阿克萨清真寺又称“远寺”。“远寺”改建后,礼拜大殿长90米、高88米、宽36米,殿内有53根大理石圆柱,49根大理石方柱,擎撑着屋顶。“远寺”整体建筑高大宏伟,气势壮观。大殿可容纳5000人礼拜。西方历史学家称该寺为“地球上最豪华、最优美的建筑和历史遗产”。

圣墓大教堂又称“复活大堂”,是耶稣坟墓所在地、基督教圣地。公元4世纪初,罗马君士坦丁大帝的母亲巡游至耶路撒冷,下令在耶稣蒙难和埋葬处建造一座教堂,即圣墓大教堂。

“苦路祈祷”,就是穿过狭窄街道的复活节仪式队列的行进(“苦难的历程”),常常是在一种非常混乱的状况下进行的。对于这种难堪局面的反应,许多的基督教朝觐者宁可选择“落令时节”来拜访耶路撒

冷，那样，他们就能够充分享受他们所崇仰的那种圣地的宁静。

为了对耶路撒冷这一跨国家、跨文化和跨宗教的重要城市给予奖励，而且使该城成为各族人民间和平与理解的中心，联合国教科文组织推出了一个“信仰之路”计划，并将这一计划作为“世界文化发展十年”设计的一个重要组成部分。

1991年出台的这个项目因为以色列和阿拉伯国家间的和平对话而增添了新的意义。教科文组织跨文化项目处主任杜杜·迪耶纳先生认为，该项目很可能给联合国教科文组织带来新的机会，通过努力再次发现昔日这三大宗教之间所形成的那种纵横交错的关系，是对这一和平进程有所促进的。

欧 洲

OU ZHOU

克里姆林宫和红场

由俄罗斯本国和外国建筑家于12世纪—17世纪共同修建的克里姆林宫,作为沙皇的住宅和宗教中心,与13世纪以来俄罗斯发生的所有重要的历史事件和政治事件密不可分。在红场防御城墙的脚下坐落的圣瓦西里教堂是俄罗斯传统艺术精华的代表作之一。

介　绍

坐落在莫斯科市中心的克里姆林宫,占地28万平方米。其西墙根下是占地7万平方米的红场。莫斯科河沿着克里姆林宫南墙根和红场南部穿城而过。克里姆林宫是建于12世纪—17世纪的雄伟建筑群,它曾是历代沙皇的皇宫,是沙皇俄国世俗权力的象征。1238年,俄罗斯各公国被金帐汗国征服,莫斯科成了蒙古帝国入侵的牺牲品。克里姆林宫遭到战火的严重破坏,但很快又获得重建。在伊万的统治下,莫斯科大公国于14世纪初建立。克里姆林宫成为公侯的住地和宗教中心。克里姆林宫的木制围栅在14世纪末被石墙取代,到15世纪末,砖墙又取代了石墙。克里姆林宫建筑群是当

瓦西里·布拉仁教堂。

放眼望去,一座座尖顶建筑仿佛童话世界中的城堡。

时这一新的政教结合的体现。在伊凡四世,即伊凡雷帝(1547 年—1584 年)的统治下,国家的统一得以巩固。1543 年君士坦丁堡即拜占庭失陷落入土耳其人手中,这标志着伊凡四世成为东罗马帝国和作为第二罗马的拜占庭帝国的精神继承人和东正教的保护者。伊凡四世是第一个能真正称得上是全俄沙皇的人。伊凡四世在 3 岁时继承父位成为大公,14 岁执政掌管国家政权,16 岁加冕为沙皇,征战的胜利使他建立了一个俄罗斯王国,由他统治莫斯科。但伊凡四世生性残暴,1583 年他一怒之下杀了自己的儿子,3 年后他自己也死了。据说,在圣巴西勒教堂完工后,沙皇命人把建筑师的眼睛弄瞎,为的是使他永远无法再创造奇迹。1555 年,伊凡在红场上建造了瓦西里·布拉仁教堂,以纪念俄罗斯对喀山汗国的征服。在此之后的 16 世纪—17 世纪,克里姆林宫变为沙皇的住地。随着 1703 年政治权力向圣彼得堡的转移,克里姆林宫继续保持着宗教中心的地位。当莫斯科 1918 年再次成为首都后,克里姆林宫重新成为苏维埃政权政府部门的所在地。此后克里姆林宫一直统治着前苏联。弗拉基米尔·伊里奇·列宁迁入 18 世纪参议员大楼办公之后,他即使在大楼顶楼居住也是过着俭朴的生活。

克里姆林宫的名称由来已久。克里姆林宫是“城垒”或“内城”的意思,俄罗斯的一些大城市都有古老的“克里姆林”。但从 1547 年后只有在莫斯科的城堡才被称为“克里姆林”。12 世纪这个城堡刚刚建立时,莫斯科就以它为核心逐渐发展起来。

克里姆林宫高耸的围墙重建于

15 世纪。围墙是砖砌的,高达 18.3 米,长达 1.6 千米,中间有二十多座塔楼,有的塔楼大门上有帐篷式的尖顶。克里姆林宫主入口是面朝红场的斯拉斯基门。1600 年由鲍里斯·戈东诺夫沙里提出加高伊凡大帝钟楼到 81 米。伊凡大帝钟楼还是一座瞭望塔,可以俯瞰周围 32 千米范围内的地方。在它的脚下有一座“钟王”,是世界上最大的钟,铸于 18 世纪 30 年代,重量超过 200 吨。在“钟王”附近还有一尊庞然大物——“炮王”。其口径为 89 厘米,造于 1586 年,重量达 40.6 吨。“钟王”从未被敲响过,“炮王”也从未发射过炮弹。15 世纪后期,伊凡四世委托意大利建筑师重建克里姆林官作为第三罗马的首都。用多棱白石砌成的多棱宫建成于 1491 年,宫内俄皇的朝觐大厅规模宏伟、装饰奢华。在主入口附近有一张核桃木雕刻的伊凡雷帝御座,御座是 1551 年建造的。克里姆林宫内包括了具有独特的建筑艺术和造型艺术的建筑经典。在很大程度上,克里姆林宫的建筑精品对促进俄罗斯建筑艺术的发展都产生了决定性的影响,这一点在伦巴第艺术复兴时期表现尤为突出。克里姆林宫通过其空间布局的精巧、建筑主体的宏伟及其附属建筑的精美为沙皇时代的俄罗斯文化提供了独特的见证。

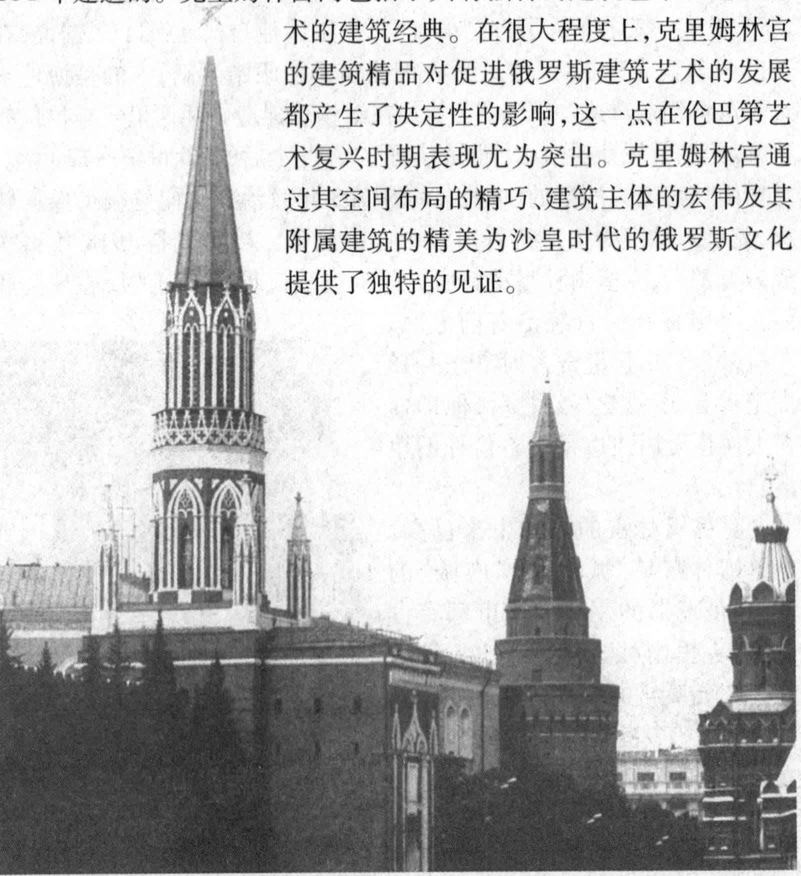

克里姆林宫的建筑层次分明。大克里姆林宫是克里姆林宫的一系列宫殿中的主体宫殿，位于整个建筑群西侧。建于1839年—1849年的大克里姆林宫为两层楼房建筑，是政府办公地。其外观为仿古典俄罗斯式，内部呈长方形，楼上有露台环绕，共有总面积达2万平方米的700个厅室。厅室内的建筑风格迥异，装饰精美，气势恢弘。宫的正中有装饰各种花纹图案的阁楼，上有高出主建筑物的紫铜圆顶，并立有旗杆。正门用白色大理石板建造，第二层厅室中的格奥尔基耶夫大厅因其巧夺天工的艺术珍品而闻名遐迩。

在克里姆林宫中心最古老的教堂广场上，矗立着圣母升天大教堂、天使大教堂、报喜教堂和圣母领报教堂。在这些宗教建筑中，最能体现俄罗斯与北部教堂建筑风格的是以山字形拱门和金色圆塔为特征的圣母升天大教堂。教堂建于1480年，建筑时间稍晚于圣母升天教堂的是1489年建成的报喜教堂，它原为希腊十字形的3个圆顶的建筑，后又扩建成造型美观的有9个金色圆顶的教堂，在当时被称为“金色拱顶”，金色拱顶成为皇族子孙洗礼与举行婚礼的地方。

红场是俄罗斯最负盛名的中心广场。红场与克里姆林宫毗连，坐落于克里姆林宫东墙一侧。15世纪90年代，莫斯科遭遇大火，火灾后的空旷之地形成了广场，所以广场也被称为“火烧场”，17世纪中叶起被人们称为“红场”。在俄语中“红色的”一词还有“美丽的”之意。红场中最引人注目的建筑是位于广场南面的瓦西里·布拉仁大教堂，这是一座有着9个“洋葱”式尖顶的大教堂。教堂的红砖墙面用白色石头装饰，表面有各种颜色，如金色、绿色，以及杂糅的红色和黄色进行装饰。目前，红场已成为俄罗斯举行各种重大集会的首选场地，2005年的纪念世界反法西斯战争胜利60周年的重大集会也是在红场举行的。

评价

由俄罗斯和外国建筑家于14世纪到17世纪共同修建的克里姆林宫，作为沙皇的住宅和宗教中心，与13世纪以来俄罗斯所有最重要的历史事件和政治事件密不可分。在红场上防御城墙的脚下坐落的圣瓦西教堂是俄罗斯传统艺术最漂亮的代表作之一。

——世界遗产评定委员会

圣彼得堡

有一位哲人曾经说过："如果在圣彼得堡住上两天，你会觉得自己知道了很多东西，如果住上两个星期，你会觉得自己知道的并不多，若是住上两年，你会发现，原来你什么也不知道……"

介　绍

由于河流纵横，风光秀丽，圣彼得堡素有"北方威尼斯"之美称。圣彼得堡是俄罗斯的历史缩影、教育之都、文化中心，更被人们誉为俄罗斯的北方首都。圣彼得堡是俄罗斯最大的港口、第二大城市，位于波罗的海芬兰湾东岸涅瓦河口。圣彼得堡面积为 607 平方千米，其南北长 44 千米，东西长 25 千米，城市总人口约四百二十一万人。该市由三百多座桥梁相连，它的河流、岛屿与桥梁的数量均居俄罗斯之冠。圣彼得堡是一座水上城市，河面面积占全市总面积的 10.2%。

在美丽的圣彼得堡，每幢建筑都是一篇史诗。在圣彼得堡，名胜古迹比比皆是。特别是在涅瓦大街上，一座座具有西欧风格的楼房鳞次栉比，使人仿佛置身于 18 世纪的古建筑博物馆里。最令人称奇的是遍布在全城各处的大大小小的青铜雕像，神态各异，栩栩如生。其中最著名的是"青铜骑士"。"青铜骑士"是彼得大帝的巨大雕像，因曾经有一位伟大诗人将这座纪念碑称为"青铜骑士"写入一首诗中，于是人们就把彼得大帝的纪念碑称作"青

铜骑士”。这座高 5 米、重 20 吨的雕像的基座是一块重达 1600 吨的花岗岩，整座雕像耸立在十二月党人广场中央，万众瞩目。威风凛凛的彼得大帝骑在高大的骏马上，抬头眺望着涅瓦河，那段逝去的岁月仿佛又重现在人们眼前。

圣彼得堡大部分教堂建于 18 世纪和 19 世纪，这些教堂几乎都是精心雕琢的艺术品。坐落在参政院广场旁的圣埃撒教堂，是用许多高 20 米的整块花岗岩雕凿出来的罗马柱支撑的，这些被支撑的镀金的巨大圆顶，气势雄伟。此外，这座教堂还拥有五米多厚的围墙，将这座可容纳 12000 人的教堂衬托得更加深沉，好像会随时从四面八方传来历史的声音。法国建筑师孟菲浪，用了近四十年的时间来建造它，圣埃撒教堂成为了俄罗斯建筑史上的一座艺术里程碑。在这里，除了艺术，更让人感受到信仰的力量以及岁月的沧桑。

夏宫是“俄罗斯的凡尔赛”，在圣彼得堡，冬宫和夏宫就是它的象征。它们的美是语言无法形容的，借用一句俄罗斯的谚语：“阅读七遍描述圣彼得堡的文字不如亲眼看一下这座城市。”

夏宫也叫彼得宫，是彼得大帝以前的避暑行宫。它坐落在芬兰湾南岸涅瓦河岸边，距离圣彼得堡市区有 29 千米。彼得宫由 3 个部分组成，即下花园、宫殿和上花园。上花园面积为 15000 平方米，宫殿呈金黄色的，上面镶有许多精美的雕刻，耸立在小山丘上，从海滨处望去，显得更加宏伟。下花园的面积是 10250 平方米，有宽阔的草坪、花园……还有许多喷泉与镀金雕像，这都是夏宫花园的显著特色。150 个喷泉可产生两千多个喷柱，不停地向空中喷射出水柱，形成了千姿百态的造型，使人目眩神迷，还有清幽、古老的森林，更令人流连忘返。夏宫以其豪华壮丽的建筑被人们誉为“俄罗斯的凡尔赛”，吸引了世界各地游客来争睹它的美景。

圣彼得堡威风凛凛的彼得大帝青铜雕塑。

在圣彼得堡的中心，有一组巨大的巴洛克式建筑群，它就是驰名世界的冬宫，这里是历代沙皇居住的宫殿。它以浅绿色的宫墙、雪白的立柱、精美的壁画、华丽的吊灯、千姿百态的雕像、情趣幽雅的屋顶花园，还有散发着浓郁的艺术气息的长廊赢得了人们的称赞。

雍容雅致的安尼契科夫桥可称为桥中精品，桥两头各有两匹马，惟妙惟肖的形态常让人以为它们是有生命的，这座桥雕刻的精美程度足可媲美巴黎的亚历山大桥。

由彩色圆顶的教堂开始朝西南流的格利巴耶多夫运河，是最富诗意的彼得堡水道，这里的人行步道桥非常适合喜欢散步的人们信步游走。

游览过了桥，你会为不知该去哪一处游览而为难，每一处的景观都那么迷人，迷失在人类智慧中，也足以称得上一次幸福的沉醉吧！

评 价

被称为“北方的威尼斯”的圣彼得堡，以其无数的河道和四百多座桥梁而闻名于世，这就是在彼得大帝统治时期实施的宏大城市规划的一个重要成果。它的建筑遗产与巴洛克式建筑风格和纯古典式建筑风格极其和谐，如同我们在海军部、冬宫、大理石宫以及埃尔米塔什博物馆所见到的那样。

——世界遗产评定委员会

雅典卫城

雅典卫城位于今雅典的西南部，建成于一个陡峭的山冈上，主要包括帕提侬神庙、伊瑞克先神庙等建筑，是古希腊文明的象征。

介　绍

雅典卫城是希腊古代遗址中最为著名的建筑，雅典卫城希腊语称之为“阿克罗波利斯”，意为“高处的城市”，它距今已有3000年的历史。公元前16世纪上半叶—前12世纪，这里是迈锡尼文明时代的王宫所在地，从公元前800年开始，人们在这里扩建神庙等祭祀用的建筑物，使之成为雅典宗教活动的中心，并且逐渐高于地下形成城市。古代希腊城市又可作为市民战时的避难场所，它是由牢固的防护墙壁护卫着的山冈城市。

雅典娜女神雕像。

雅典卫城坐落在面积约为四平方千米的一块高地上，坚固的城墙筑在卫城四周。自然形成的山体使人们只能从山的西侧登上卫城，高地的其他三面都是悬崖绝壁，地形十分险峻。

雅典卫城是希腊最杰出的古建筑群，这些古建筑无可厚非地成为人类遗产和建筑精品，在建筑学史上具有重要地位。雅典卫城迄今为止保存下来了大量的珍贵遗迹，向人们集中展示了古希腊文明的璀璨。

雅典卫城的山门正面高达 18 米，侧面高 13 米。山门左侧的画廊内还收藏着许多珍贵的绘画作品。

多利克式的帕提侬神庙、大理石造的楼门普罗彼拉伊阿、埃莱库台伊神庙、雅典娜神庙等均建造于公元前 5 世纪的雅典黄金时代。

雅典娜神庙坐落在山门右前方。神庙全部由蓬泰利克大理石砌成，蓬泰利克大理石的产地就在雅典附近。神庙内由一个爱奥尼亚风格门厅和一个约呈方形的内庙组成。一条装饰有凹凸浮雕、宽度达 45.72 厘米的中楣饰带，缠绕在建筑物外部。神庙分前庙、正庙和后庙，在神庙东面有一个手拿盾牌的雅典娜神像浮雕。

帕提依神庙是雅典卫城建筑群最著名的建筑，它是古希腊建筑艺术的里程碑，是古希腊建筑艺术最高成就的代表，被称为“神庙中的神庙”。

雅典娜神庙整体造型呈长方形，全部用晶莹洁白的大理石砌成。神庙建筑材料为石灰岩，外部由 46 根高 14 米、直径 1.5 米的大理石柱环绕。

人们可以从雅典各个方向观赏到位于卫城顶端的帕提侬神庙。整座殿堂辉煌壮丽，结构严谨，比例和谐，据说建成之初是一座白色大理石建筑，异常的华美壮观。

雅驳的古遗迹诉说着历史的沧桑。

帕提依神庙是闻名于世的古代七大奇观之一，也是雅典最著名的古迹之一。自中世纪后屡遭破坏，现在的神庙遗址大多已是颓垣断壁了。神庙的内部分成两个大厅，正厅又叫东厅，厅内原本供奉着菲狄亚斯雕刻的雅典守护神雅典娜神像，据说神像高 12 米，由黄金、象牙雕刻而成，眼睛的瞳孔也是由宝石镶成。几经战火的洗礼和两千多年风雨的侵蚀，神庙中雅典娜的巨大金像早已不知去向。

帕提依神庙是诸神从奥林匹斯山下落凡间时的聚会地。帕提依神庙矗立在雅典卫城的上首右侧，人们从入口处只能看见它的侧面。在这个长 70 米、宽 30 米的空间内，46 根环列圆柱构成的柱廊高大挺拔，昭示着希腊文明蓬勃向上、永不凋谢的精神。

残缺的建筑使帕提依神庙的遗址具有异乎寻常的魅力，多利克式的圆柱，大理石的凹槽，使其有着典雅高贵的气质。列柱逐渐细小，到达顶端时无任何装饰的弧形柱更显得优美均衡，战火虽然令许多石柱倒塌，但那简约庄严的美却依然生动鲜活。

帕提依神庙的雕刻装饰是由著名的建筑师和雕刻家菲狄亚斯完成的。从神庙西山墙中央的人像浮雕到最引人注目的排档间饰上都可以领略到大师的风采。

由 92 块白色大理石装饰而成的中楣饰带上的连环浮雕，表现的是紧张的搏斗场面，它把人与怪兽的厮杀刻画得生动逼真。天神们或威武、或飘逸、或闲散，都姿态巧妙地贯穿在一起，那肌肉的弯曲、战袍的飘扬、眼神的哀喜无不透露出雕刻者对美的热爱和对生命理性的思索。

伊瑞克先神庙坐落于埃雷赫修神庙的南面，建于公元

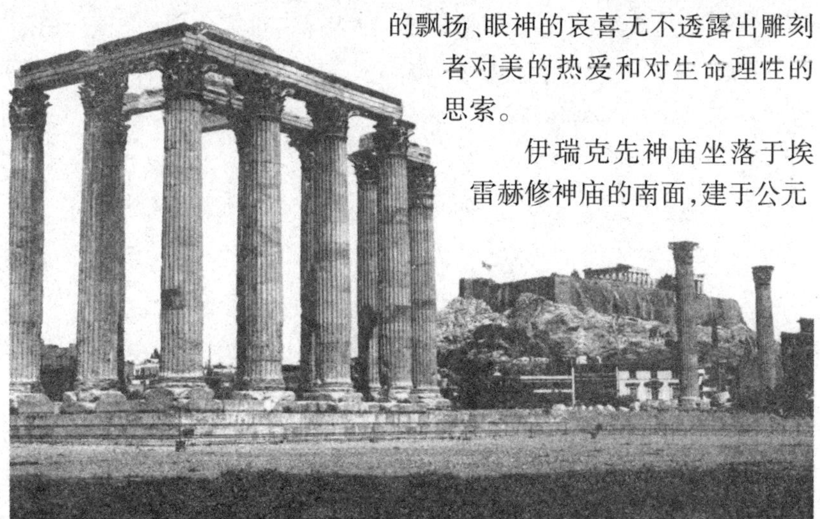

前 421 年—前 406 年，是雅典卫城建筑群中爱奥尼柱式的典型代表，神庙建在高低不平的高地上，建筑设计非常精巧。它是培里克里斯制订的重建卫城计划中最后完成的一座重要建筑。神庙东区是传统的 6 柱门面，向南采取虚厅形式。南端用 6 根大理石雕刻而成的少女像柱代替石柱顶起石顶，这些设计充分体现了建筑师的智慧，少女们长裙束胸，轻盈飘逸，亭亭玉立。由于石顶的分量很重，6 位少女要顶起沉重的石顶，颈部就必须设计得足够粗，但是这种设计势必要影响整体的美观性。于是建筑师给每位少女颈后设计了一绺浓厚的秀发，又在头顶加上花篮，成功地解决了建筑美学上的难题，从而使该建筑一举成名。神庙建筑历经沧桑，如今也只能凭借这 6 根少女像柱想象当年的繁华了。

维也纳古城

提起维也纳，首先让人想到的是维也纳金色音乐大厅中回旋的经典旋律。维也纳不仅在现代是一座名城，在历史上也是深具传奇色彩。

介　绍

从早期著名的“维也纳乐派”一直到20世纪初，维也纳一直在欧洲乐坛上发挥着重要而独特的作用。同时维也纳还是建筑艺术精华的汇聚地，包括巴洛克风格的城堡和庭院，还有建于19世纪晚期的环城大道。沿着宽敞的林荫环城大道，坐落着维也纳最负盛名的名胜古迹，这些名胜古迹经过修葺、重建，散发出更加迷人的风采。

作为中世纪欧洲最大的三座城市之一的维也纳，至今仍保持着昔日显赫的地位。维也纳是世界名城，是奥地利的首都，但它更以“音乐之都”而闻名世界。它位于奥地利东北部阿尔卑斯山北麓多瑙河畔，多瑙河贯穿全

维也纳大会堂。

城，内城的古街道纵横交错，很少有高层房屋，建筑多为巴洛克式、哥特式和罗马式风格。中世纪的圣斯特凡大教堂和双塔教堂的尖顶，高约一百三十多米，可谓直插云霄。

圣斯特凡大教堂是维也纳市中心的哥特式教堂，也是欧洲最高的几座哥特式古建筑之一，带有东欧教堂的浓厚地方色彩。教堂顶盖外部绘有大面积的色彩缤纷的图案，这些图案有“维也纳的精魂”之称。教堂于1304年始建，两个世纪后竣工，被认为是集几百年建筑艺术之大成的杰作。第二次世界大战中被毁，战后重建，历时10年，至1958年基本恢复旧观。大教堂由一座主体楼和三座楼塔组成，以南塔最为壮观，高138米，成锥体直插云天。

霍夫堡宫是奥地利哈布斯堡王朝的宫苑，坐落在首都维也纳市中心，历时十余年的修建终成今日的规模。在皇宫前的英雄广场上竖有一座跃马英雄铜像，而这位英雄就是欧根亲王。欧根亲王原是法国贵族，后来成为率领奥地利军队击退土耳其入侵的民

族英雄。霍夫堡宫是一座仿法国凡尔赛宫的古典宫殿，也是一座富丽堂皇的巴洛克式建筑，是欧洲最为壮观的宫殿之一。

评 价

维也纳是从早期哥特和罗马人定居点发展起来的，来到中世纪时期，已成为神圣罗马帝国的首都，带有浓郁的巴洛克色彩。

——世界遗产评定委员会

伯尔尼古城

伯尔尼是瑞士的首都,伯尔尼州的重要城市,于1191年建造,坐落在日内瓦和苏黎世之间,正对阿尔卑斯山脉,修建在阿勒河一座河湾环抱的石岗上。

介绍

在12世纪末,统治瑞士中东部的泽林格公爵希托尔德五世想要在自己的疆域西部修建一个要塞,于是选定伯尔尼这片土地,在1191年开始建城筑堡。1218年伯尔尼成了自由城,开始第一次扩建。后来成为萨瓦家族彼得二世伯爵的保护地,在此期间,伯尔尼城又进行了第二次扩建。

伯尔尼曾被哈布斯堡王朝统治,于是它长期为了独立而发生战争。1291年属于哈布斯堡家族的皇帝死后,才签订了建立瑞士联邦的盟约。经过第三次扩建的自由城伯尔尼在1339年胜利后并入联邦。14世纪和15世纪,发展成为一个强大城邦中心的伯尔尼,它的政治地位在广阔的领土上起到了极大的作用。1528年后,伯尔尼与犹太教改革派结盟,因此进入繁荣期。到

18 世纪时,伯尔尼政治权力达到了顶峰。1848 年,伯尔尼被定为瑞士的首都。伯尔尼介于法语区与德语区之间的交界上,语言以德语为主,法语为辅。将伯尔尼定为联邦首都,就是德语区与法语区之间妥协的结果。

曾在中世纪时期筑防的伯尔尼古城,其城市格局依据地势而分布。道路的规划沿阿勒河河岸分布开来,其布局留存了中世纪的风格。整个道路全部用切割而成的灰色条石铺设,有时路面层呈现出淡绿色色调。街道两侧建有连拱。教堂的尖塔和钟楼、点缀着鲜花的喷泉、装饰着角塔的房屋、倾斜的屋顶以及公共花园等构成了一幅整齐协调的建筑美景图,其大部分的历史可追溯到 17 世纪和 18 世纪。

伯尔尼古城的建筑与周围自然景观的融合,使伯尔尼这座城市具有了另一番景象,绿树成荫、安静祥和。伯尔尼又称泉城,市区街道中央有许多街心泉,大多数为 16 世纪所建。这当中最漂亮的街心泉是正义街的正义泉。正义泉中央柱顶的塑像是一手持剑,一手拿着天平的正义女神像,塑像脚下是教皇、皇帝、苏丹、高官显贵等统治阶级的代表,寓意着即使是王侯将相也要接受正义的判决。

伯尔尼古城中奈戴格教堂建造于 14 世纪,教堂里的雕塑是伯尔尼的建立者泽林格公爵。克拉姆街的钟塔远近闻名,到了整点的时候,钟面上就会出现一个小机器人,用锤子击打头上的两个钟。钟的零部件由 16 世纪时的瑞士人所制造,直到今天仍保存完好,正常运转。

伯尔尼也有着闻名世界的拱廊。其中以火车站前的医院街到克莱姆街的古老钟楼这一段最为精彩。拱廊结构独特,是典型的中世纪建筑。沿街的楼房底层门前是便道,便道的顶部向外延伸,便形成了

走廊。走廊临街的一面有拱柱支撑，两柱之间好似宽大的拱门，廊道相连，拱门相接，蜿蜒漫长，形成拱廊。

如今的拱廊里面集聚着大商场、时装店、珠宝店、古董店、钟表店、工艺品店、甜食店、巧克力店、咖啡店和饭馆等等。沿拱廊向东去到市场街，会看到一座300年前建造的狱塔。狱塔前的巴伦广场上有露天餐座和棋坛茶座。大棋盘就画在地上，棋手提着特大棋子，来回走动对弈，这已成为伯尔尼街头的一景。

评 价

伯尔尼古城，12世纪建于阿勒河流淌环绕着的小山上面，1848年成为瑞士的首都。从伯尔尼古城的建筑，就能够看到历史的变迁。古城留存着16世纪典雅的拱形长廊和喷泉。作为中世纪城镇的中心建筑在18世纪又被装修，而且依然保持着原来的历史风貌。

——世界遗产评定委员会

梵蒂冈城

梵蒂冈城是罗马城西北高地上面积达四万四千多平方米的城国，位于台伯河南岸，在贾尼库隆山的北部延伸过梵蒂冈山的一部分。宗教圣地的影响力使这座城拥有一种圣洁、凝重之美。

介 绍

梵蒂冈城建立于公元325年前后，是康斯坦丁大帝在包括罗马共和国和罗马帝国的遗址上建立的第一座天主教大教堂。梵蒂冈在历史上有着宗教管理与政治管理的双重功能，现在已经是一个拥有独立主权的国家。

在意大利格雷戈里大帝（公元590年—604年）的统治时期，意大利最大的财产所有者是教皇。在1309年—1417年，意大利战争和罗马的混乱使教皇被流放到亚威农。虽然遭到1378年—1417年大分裂的削弱，文艺复兴时期的罗马教皇制度还是经历了一段时期的政治复苏。

装饰纷繁的教堂走廊。

法国大革命使教皇国家开始衰落，经历了一段困难的恢复时期后罗马被并入到意大利王国中。1929年梵蒂冈与意大利签订《拉特兰条约》，解决了自1870年以来双方争执不休的主权问题。

虽然梵蒂冈城大部分领土都环绕着城墙，但大教堂的四周仍是对外开放的。整座城市是由一些建筑物和广场，还有布局规则的花园组成。

梵蒂冈宫殿由教皇尼古拉斯五世（1447年—1455年）进行了防御功能的修改。教皇朱利斯二世（1503年—1513年）又在康斯坦丁所建的大教堂遗址上建造了圣彼得大教堂。

梵蒂冈是拥有人类历史上一批举世无双的艺术珍品的城市，因此整座城市发展了数个世纪的艺术创造作品。它是具有立体空间感的独特艺术杰作。梵蒂冈的建筑、绘画、雕塑，以及博物馆的古品都对16世纪以来艺术的发展产生了重大的影响。“梵蒂冈是文艺复兴和巴洛克艺术的理想典范和辉煌创造”。一千多年来，世界各地的人们络绎不绝地来到这里，徜徉于艺术的殿堂中，久久不愿离去。

评 价

梵蒂冈城是基督教中最神圣的地区之一，它是伟大的历史见证，也是基督教神圣精神进程的见证。在这个小小的国度内它是唯一一处聚集了大量艺术和建筑杰作的宝地。圣彼得教堂位于城市的中心位置。教堂装饰着双柱廊，与花园毗邻的广场从正面环绕着教堂。这座历史悠久的教堂坐落在圣彼得的陵墓上，是历经众多大师如天才拉斐尔、米开朗基罗、贝尔尼尼等共同创造的艺术品。

——世界遗产评定委员会

布拉格历史中心

布拉格建立于公元9世纪，位于波希米亚中心地区，伏尔塔瓦河与易北河交汇处上游的一个河流转弯处。

介 绍

布拉格作为历史上的艺术、贸易、宗教中心，是西欧与斯拉夫世界之间进行交流的门户，更是早期许多条商路的交叉点。

公元870年，人们在伏尔塔瓦河北岸一个小丘上修建了第一座城堡，在河的上游一处凸出地带修筑了第二座城堡，也就是费塞拉德城堡。

从10世纪起，当地的人们对两座城堡间的地区进行了开发。到了普热美斯王朝时期，布拉格已成为重要的商业中心、波希米亚首府和主教中心。

12世纪布拉格得到扩展，13世纪时布拉格的政治经济处于繁荣时期，土木建设大兴，大批哥特式纪念建筑拔地而起。

14世纪，在波希米亚国王兼神圣罗马

帝国皇帝查理四世统治期间，布拉格一派繁荣景象。查理四世在1344年修建了大主教教堂，1348年建立了中欧第一所大学。同时，重建和加固了河上的石桥，扩建了新城区。在新城区的创建过程中，许多意大利的艺术家被吸引到布拉格，他们充分发挥聪明才智，使布拉格变得雄伟壮丽。

城市一直不断地发展，17世纪，巴洛克风格建筑曾风靡一时。到了19世纪末，特别是在犹太区，大量的建筑被拆除。现代建筑堂群而皇之地代替了原有建筑群。

除了布拉格城堡和邻近的霍拉卡尼地区以外，历史中心是围绕三个重点地段发展起来的：河北岸山丘上的小城（马拉·斯特拉那）、河南岸平原上的旧城（斯塔尔·麦斯托）和新城。自中世纪以来，河两岸保留了不规则的曲折布局，狭长的瓦茨拉夫广场坐落在新城，它的历史可以追寻到14世纪，它可以称得上是布拉格的焦点。如今，从塔楼的废墟中仍然可以感受到它曾经的辉煌与壮观。

布拉格城市景观。

布拉格城市风光秀丽迷人。

布拉格的整个城市建筑气势恢弘，城市艺术景观包含了从罗马时代到现代的各种艺术风格，其中尤以数量众多的巴洛克式杰作与哥特式艺术精品最为突出。皇宫、教堂、修道院、带拱顶的房屋和花园布局严谨，结构合理。站在装饰着雄伟雕像的查理大桥上向外望去，景色格外赏心悦目。布拉格向世人展示出中世纪开始以来城市的扩建过程。由于布拉格在中欧的政治、经济、社会和文化发展方面有着重要地位，从 14 世纪起，布拉格丰富多彩的建筑和艺术传统为大多数中欧和东欧国家的城市发展提供了榜样。同时布拉格作为中欧基督教发展史上有着举足轻重作用的城市，从查理四世时起，就一直是中欧地区发展领先的政治、文化中心。

布鲁塞尔大广场

布鲁塞尔大广场，坐落在比利时王国的首都布鲁塞尔市中心。12世纪时开始建造，是欧洲最美的广场之一。1998年联合国教科文组织将布鲁塞尔大广场作为文化遗产，列入《世界遗产名录》。

介 绍

布鲁塞尔大广场是中世纪风格的建筑，也是布鲁塞尔拥有财富的象征。布鲁塞尔市区呈五角形，以中央街为界限，分为上城和下城两部分。宏伟的布鲁塞尔大广场长约110米、宽约68米，地面用花岗石铺就。环绕广场的建筑物大多是中世纪所建的哥特式、文艺复兴式等建筑样式，其迥异的建筑风格，让人宛如置身于时空隧道之中。在大广场附近有一座最著名的并称为布鲁塞尔象征的塑像，那就是有“布鲁塞尔第一小公民”之称的小男孩于连的塑像。这个作撒尿状的小男孩形态逼真，是城内最负盛名的古迹之一。据传他就是歌德弗雷三世公爵儿时的化身。

在广场西侧是一座结构为5层的建筑，即著名的天鹅咖啡馆，是马克思和恩格斯当年居住和工作的地方。它与著名的市政厅相邻，因门上饰有一只振翅欲飞的白天鹅而得名。1845年2

拿破仑画像。

月，马克思从巴黎来到布鲁塞尔，并在这里居住。同年 4 月，恩格斯也来到了这里。于是，天鹅咖啡馆成为他们共同创建共产主义通讯委员会和德意志工人协会的重要活动地点。也就是在这里，马克思写出了著名的《哲学的贫困》和《共产党宣言》等作品。现在天鹅咖啡馆也叫天鹅餐厅。

法国著名作家维克多·雨果的公寓就坐落在天鹅餐厅的左侧。此处附近还有一座建筑物，以前是法国路易十四的行宫，现在改建成为博物馆。

在大广场的右侧是风格独特、雄伟壮丽的布鲁塞尔老市政厅。它是一座典型的哥特式建筑，造型精美，高高矗立在大广场上，非常醒目。市政厅大楼始建于 1402 年，它上面的厅塔高约 91 米，塔顶塑有一尊高 5 米的布鲁塞尔城的守护神雕像。

市政厅的大门不居正中，厅塔也是偏向一侧。厅塔和大门之所以不居正中，是因为整座建筑分别建于 3 个不同时期，于是就出现了目前的格局。厅内装修十分精美，天花板上绘制的图案美妙绝伦，栏杆花纹雕刻精细，雪白的大理石楼梯，宛若一条银蛇蜿蜒而上。

市政厅的走廊里布满五彩缤纷的壁画。在这些大幅肖像画中既有比利时的君主像，又有曾经统治过布鲁塞尔的西班牙、荷兰、法国等国的国王画像，最著名的是横扫欧洲大陆、被称为“一世之雄”的拿破仑画像。

除了这些标志性建筑，环绕在广场周围的还有 17 世纪时期建筑的各种职业行会会址、公爵官邸，中世纪时期的石质建筑和路易十四的

尿尿小男孩于连的雕像。

行宫等久负盛名的建筑物。

现在的布鲁塞尔大广场,已成为全市市民的活动中心。每到星期天,大广场上就会有花鸟集市,艳丽的鲜花,清脆的鸟鸣,不禁让人心旷神怡。每隔两年的8月份,布鲁塞尔市政府还在大广场举行为期4天的“大广场鲜花地毯节”。

评 价

布鲁塞尔大广场是一座独特的公共和私人建筑的共同体,建于17世纪晚期,建筑简约的风格和鲜艳的图画说明了这座重要的政治和商务中心的社会和文化特质。

——世界遗产评定委员会

波茨坦的宫殿及庭院

波茨坦和柏林的宫殿及庭院距柏林西南约二十七千米，1990 年联合国教科文组织将其作为文化遗产，列入《世界遗产名录》。

介　绍

波茨坦位于中德北部的侵蚀山脉和冰川区内，努特河和哈弗尔河形成的一系列湖泊和池塘，为波茨坦的宫殿和庭院提供了优美的自然风光和众多自然资源。这个地方的历史，最早可追溯到 10 世纪。这里在腓特烈大帝统治时期曾经是皇室住地和普鲁士文化、军事中心，现在是柏林地区的主要城市。

波茨坦地区的命运在历史上也是几经坎坷。10 世纪，斯拉夫部落占据了波茨坦地区；12 世纪，阿斯卡尼亚王朝在这里设城建立了政权。

在中世纪时期,霍亨佐伦人迁徙到勃兰登堡平原,波茨坦在这一时期走在了历史的转折点上。1617 年,霍亨佐伦人在波茨坦修筑城堡,作为他们的居住地。在经历了 30 年战争(1618 年—1648 年)以后,统治者弗里德里希 · 威廉(1620 年—1688 年)在这里建造宫殿,重建了城市。

在弗里德里希二世即腓特烈大帝(1740 年—1786 年)时期,波茨坦进入了兴盛期,它成为普鲁士事实上的首都。当时的普鲁士国王接纳了法国大批受迫害的新教徒工匠,从而有力地促进了普鲁士建筑艺术的发展,弗里德里希二世对艺术和文学的热爱,促成了波茨坦的名胜无忧宫庭院和宫殿的发展。无忧宫的建筑为洛可可风格。19 世纪,弗里德里希 · 威廉四世(1840 年—1861 年)在无忧宫庭院内增建了七座建筑和庭院,其他的庭院和公园整体也相应扩大了建筑空间。

波茨坦的城市设计堪称城市建筑史上具有卓越艺术成就的杰作。波茨坦城市设计的独特性主要体现在折中主义的运用和大胆的创新意识。其设计理念是根据自然背景,从多元的视觉角度来搭配城市中的园林和宫殿建筑,在设计中运用了对称和自然的原则,同时还大量

借鉴了英式花园的风格，在狭小的空间内，尽管建筑样式丰富、风格多变，但整座城市仍然保持着和谐的氛围。

评 价

5 平方千米的公园和 150 座从 1730 年—1916 年期间建造的建筑物使波茨坦宫殿和庭院结合构成了一个艺术体系。它给人的唯一感觉就是折中的自然性。波茨坦是 18 世纪欧洲城市和艺术时尚的完美结合，城堡和庭院的结合为后人提供了一种全新的建筑模式，它们大大地影响了奥德河东部建筑艺术的发展和建筑空间的拓展。

——世界遗产评定委员会

洛可可风格的建筑体现出力与美丽的完美结合。

奥斯威辛集中营

奥斯威辛集中营素有“死亡工厂”之称，这是因为奥斯威辛集中营是纳粹德国在第二次世界大战期间修建的一千多座集中营中最大的一座，有上百万人在这里被德国法西斯杀害。

介 绍

该集中营距波兰首都华沙三百多千米，是波兰南部奥斯威辛市附近四十多座集中营的总称。

奥斯威辛是波兰南部一个只有四万多居民的小镇。纳粹德国陆军司令希姆莱于1940年4月下令在此建造集中营，当年纳粹奥斯威辛集中营管理局控制的地区面积就达40平方千米，包括3个集中营：奥斯威辛主营、布热津卡营、莫诺维策营。莫诺维策营又包括40个小集中营，分布在波兰南部整个西里西亚地区。1940年—1944

年，奥斯威辛集中营成为希特勒的杀人中心，大约有四百万人在这里惨遭杀害。许多人是在苦役中死去的，其余的则被有计划地残杀了。奥斯威辛集中营先后共监禁过数百万各类人士，其中有约一百一十万人被夺去了生命，受害者主要是波兰和欧洲其他国家的犹太人、吉卜赛人、波兰人和前苏联俘虏。德国法西斯在集中营内设立了用活人进行“医学试验”的专门“病房”和实验室，还建有 4 个大规模杀人的毒气“浴室”及储尸窖和焚尸炉。1944 年，这里每天要焚烧约六千具尸体。

1945 年 1 月 27 日，前苏联红军攻克了奥斯威辛集中营，当时集中营内的幸存者仅有七千多人，其中包括 130 名儿童。1947 年 7 月，波兰政府把奥斯威辛集中营改为殉难者纪念馆。纪念馆展出了揭露希特勒党卫军在集中营犯下的种种罪行的实证和图片，包括他们从囚徒

奥斯威辛集中营遗址。

身上掠夺的财物，以及囚徒在集中营进行地下斗争的各种实物和资料。目前只有集中营Ⅰ和集中营Ⅱ保留下来供游人免费参观，其中许多被纳粹销毁的杀人“证据”又被仿建了起来。在集中营中到底屠杀了多少人，至今还是一个未知数。随着一些历史机密性文件的不断解密，大量关于纳粹罪行的数据被披露。从后来发现的纳粹档案中可以推测出至少有110万犹太人在集中营被杀。为了敲响警钟，警示后人记住这段历史，1979年，联合国教科文组织将其列入了《世界遗产名录》。

大洋洲

DA YANG ZHOU

汤加里罗国家公园

汤加里罗国家公园地处新西兰北岛中央的罗托鲁瓦一陶波地热区南端，占地面积约四千平方千米，是新西兰最大的国家公园。

介 绍

汤加里罗国家公园是一个有独特魅力的火山公园，公园里有15个火山口，其中就有3个著名的活火山：汤加里罗、恩奥鲁霍艾、鲁阿佩胡火山。这里高大险峻的群山与火山活动的奇景，吸引了世界各地的游客。恩奥鲁霍艾火山口海拔约2300米，烟雾缭绕，常年不息。鲁阿佩胡山海拔约2800米，是北岛的最高点，公园内还设有架空滑车，能够接近山顶。从山顶远眺，能够看见方圆百里内的秀丽景色。汤加里罗火山海拔约1980米，峰顶宽广，由北口、南口、中口、西口、红口等一系列火山口组成。这里以前属于毛利族部落管辖，毛利人将汤加里罗火山视为圣地。据说，“阿拉瓦”号独木舟首领恩加图鲁伊兰吉曾率领毛利人移居到这里，在攀登顶峰时，遇到风暴，生命危在旦夕，于是他向神求救，神把滚滚热流送到山顶，让他复苏，热流经过之地就成了热田，这股风暴名叫汤加里罗，这座山也就由此得名。1887年毛利人为了维护山区的神圣，阻止欧洲人把山分片出售，就把这三座火山当成中心，以大约1.6千米为半径的地区献给国家，作为国家公园。

1894 年新西兰政府把这三座火山包括周围地区正式辟为公园，正式定名为汤加里罗国家公园。

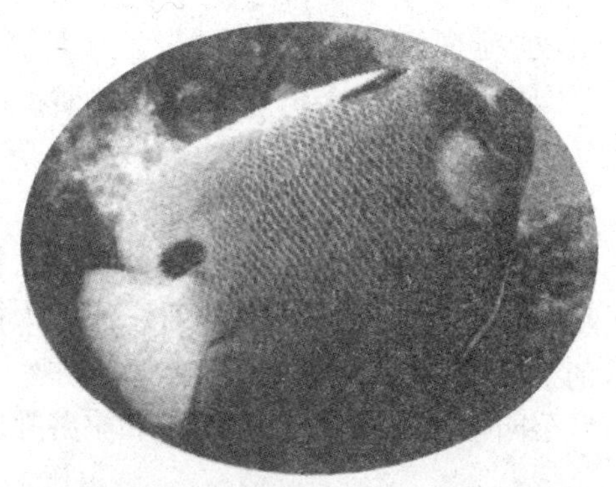
色彩斑斓的观赏鱼。

汤加里罗国家公园里是一片火山园林风光，火山灰铺成的银灰色大道曲折地延伸在山间，峰顶积雪覆盖，壮观极了。郁郁葱葱的天然森林环抱着重叠险峻的群山和花红草绿的草原，那荡漾着微波的湖泊，仿佛中国杭州的西湖，湖中有岛，岛中有湖，再加上人工装饰，更为秀丽多姿。但是，中国西湖是一个平地上典型的残迹湖，而汤加里罗国家公园的湖泊却是云雾缭绕的高山火山口湖。

汤加里罗公园的 15 个火山口，火山活动的景观奇丽多姿、样式各异，游人每到一处，都有眼前一亮之感。远眺沸泉，只见热气蒸腾，烟雾环绕。走近时，可见沸流翻涌，呼呼作响，在灿烂的阳光下水柱闪烁着奇光异彩，让游人犹如置身于仙境之中。冬天，游人也还能够跳入热泉天然游泳池中畅游，并且会有一种温暖、惬意的舒适之感。

汤加里罗国家公园里，地上喷气孔密布，游人能用几根木条，来

架成“地热蒸笼”，开始野餐，生马铃薯或者生牛羊肉，都能够蒸熟。公园内为游客服务的旅馆、商店，都是利用当地的地热资源，打一口几十米的深井，能采出约100℃的蒸汽，用来取暖和其他生活用热。

汤加里罗国家公园里，还有新西兰特有的国鸟——几维鸟。它是新西兰的象征，国徽和钱币都采用它为标记。园内还种植着来自中国的猕猴桃，取名“几维果”，成为新西兰一种重要的出口商品。汤加里罗公园也是新西兰登山、滑雪和旅游胜地。

评 价

根据文化风景修改标准，汤加里罗在1993年成为大洋洲第一个被列入《世界遗产名录》的地方。公园中心的群山对毛利人具有文化和宗教意义，象征着毛利人社会与外界环境的精神联系。公园里有活火山、死活山、不同层次的生态系统和不可替代的美丽风景。

——世界遗产评定委员会

新西兰亚南极区群岛

新西兰亚南极区群岛处在新西兰西南海岸的浅水大陆架上，由新西兰南部和东南部海域的五个岛屿（斯内斯群岛，邦提群岛，安提波德斯群岛，奥克兰群岛以及坎贝尔岛）组成，而且还包括岛屿周边12海里的水域。

介 绍

奥克兰群岛的亚当斯岛在1910年被划为动植物群保护地。1934年整个奥克兰群岛都被纳入到动植物群保护区。坎贝尔岛在1953年也被划入，其他三个群岛分别在1961年、1977年得到认定。所有的5个群岛在1977年的保护法案中重新被指定为自然遗产。

斯内斯群岛和邦提群岛是在花岗岩和变质岩基底上形成的，另外3个群岛在其南部，是在火山岩构造上发展而来的。土壤很多是席状泥炭，厚达8米，但在暴露和水极浅的邦提群岛上没有泥炭存在。奥克兰群岛和坎贝尔岛上有大规模冰川发育的实证，拥有许多海湾和深水港，而邦提群岛是由一组小的岩石岛组成，所以没有安全的锚地。

这些岛屿处在南极和亚热带之间的海域，夏季

水温在5.5℃～12℃。它们受盛行西风影响最为明显，这里有凉爽温和的气候，而且季节温差相对较小，年平均气温在斯内斯群岛的6℃到坎贝尔岛的11℃之间。大部分岛屿降雨丰富（1200～1500毫米/年）。奥克兰群岛和坎贝尔岛西部还存在海洋上升流。

除了邦提群岛植物稀少以外，其余的四个岛屿包括邻近的马科夸里岛，形成了植物种类繁多的中心地区，是亚南极地区岛屿最丰富的植物群。斯内斯群岛和安提波德斯群岛，还有奥克兰群岛的阿达母斯及绝望岛最吸引人们的目光，因为这里的植物基本没有受到人类和外来动物的影响。陆地植物群由大约二百五十个分类单位组成，其中35个是这一地区所独有的。斯内斯群岛上分布着大面积的森林，树木主要是高达5米的树紫菀属。在坎贝尔群岛和安提波德斯群岛上没有这样的森林，虽然两个岛上都有木质灌木丛的存在。

这里的动物群体现出较高生态水平的海洋生态系统，海鸟和海洋哺乳动物数量众多。在有记录的120种鸟类中，有40种为海鸟，其中有5种是该地区独有的。世界上的24种信天翁中就有10种生活在这个地区。在斯内斯群岛上的海鸟数量是极其庞大的，单是黑海鸥就超过275万对。但陆地鸟类中却存在很大的地方性，像灰水鸭，其中坎贝尔群岛上灰水鸭已经骤然减少到25对。岛上没有常住人口，1995年坎贝尔岛上从前人工操作的气象站也实现了自动化。凯塔库伊韦是南部岛上毛利人的部落，在欧洲人到此定居以前，他们就已航

新西兰亚南极区小岛的风景。

海到达这一地区。1788 年欧洲人发现了邦提群岛,19 世纪初期开始残忍地捕杀海豹,到了 1830 年,海豹就已灭绝了。有些查萨姆毛利人和莫里奥里人殖民者到了奥克兰群岛的罗斯港口,居住了不长一段时间后又在 1856 年离开了。大概在同一时期,一个欧洲捕鲸站在这一地区建立。野兔、山羊和猪被捕鱼人投放在几个岛上,以备遇到海难的船员捕食。

这里没有永久的科研观测站,在几个岛上有供来访科学家居住的帐篷。研究工作大多集中在植被重建、游客影响检测、海洋观测、海狮和海鸟数量的调查还有濒危鸟类的转移等方面。群岛在科学研究上具有重要意义。群岛上生活着大量种类繁多的海鸟,这些海鸟当中有许多是地方性属种。其中有 14 种地方性陆地鸟类,还有世界上最稀有的灰水鸭。这个地区和马科夸里岛共同构成了植物种类繁多的中心。在西太平洋最南部的森林、蕨树和奇特的植物群在这里都有发现。珍稀的海狮在奥克兰群岛上的数量是全世界最多的。

评 价

新西兰亚南极区群岛由新西兰南部和东南部海域的五个岛屿(斯内斯群岛,邦提群岛,安提波德斯群岛,奥克兰群岛以及坎贝尔岛)组成。这些岛屿处在南极和亚热带之间的海域,含有丰富的资源和种类繁多的生物,有野生动植物,特殊的鸟类,植物和无脊椎动物。这里最为引人注目的是有数目巨大的,各种各样的远洋海鸟和企鹅的巢穴。这里有多达 126 种鸟类,其中有 40 种海鸟,在此当中又有 5 种是世界上其他地方所罕见的。

——世界遗产评定委员会

西澳大利亚鲨鱼岛

鲨鱼岛地区的海湾、水港和小岛构成了一个庞大的水生生物世界，其中海龟、鲸鱼、对虾、扇贝、海蛇、鱼类和鲨鱼在这个地区都是比较常见的水生生物。

介　绍

在鲨鱼岛上，一些地区由珊瑚礁、海绵和其他无脊椎动物，还有热带和亚热带鱼类组成了一个相当独特的生态群落。平坦开阔的海滩上生活着各种各样的掘穴类软体动物、寄居蟹和许多无脊椎动物。然而在鲨鱼岛这个生态系统中最为基础的支撑还是“海草牧场”。

鲨鱼岛囊括了面积最大和种属分异度最高的海草平原，在另外的地区，基本上有一到两种海草分布于相当大的地理区域内，比如，在北美洲和欧洲相当多的地区只有一种海草。可是在鲨鱼岛地区却有 12 种之多，在海湾的一些地方，每平方米内就能够很容易地鉴别出 9 种海草。鲨鱼湾内有很多浅水地区，这些地区都是跳水和潜水活动的良好场所。古德龙残骸被西澳大利亚海运博物馆评估为最佳的残骸之一。濑鱼、叉尾霸鹟还有众多的蝴蝶鱼、许多种类的热带鱼、色彩艳丽的天使鱼、儒艮和海龟等在海湾中繁衍生息。生活在澳大利亚的海龟大部分是食肉龟，一年四季在海湾中都能够看到独自出现的海龟，但规模巨大的海龟聚集从 7 月底就开始了，虽然海龟的繁殖季节一般是在此之后。传统上，海龟和儒艮是这里的土著居民餐桌上的美味，而在鲨鱼湾地区这

两种动物从未受到像处在世界其他地区的同类那样的生存压力。在海洋公园中，宽吻海豚这种野生动物会经常来到海岸边和人们接触，而且接受人们投喂给它们的鱼。

宽阔的珊瑚丛是水下观赏的又一景观。珊瑚礁块的直径大约有五百米，在里面充满了众多的海洋生物，大量五彩缤纷的珊瑚让人目不暇接，蓝色、紫色、绿色、棕色等等，真是让人眼花缭乱。在这个地区生活着的浅紫色的海绵是非常出名的。在其中一处海域，有一个美丽的蓝色石松珊瑚的生长群落，犹如一个五光十色的展览厅。此外，头珊瑚和平板珊瑚也比比皆是。由于那里潮汐和其他自然条件的限制，对当地不熟悉的人只能在当地有经验的潜水员的引导下才能潜水。

这里交通便捷，乘飞机、坐船和经由高速公路都能够快速到达此地。这里的服务设施也很齐全，餐饮娱乐以及购物等服务性行业在这里非常繁荣。但如果你想潜水的话，则必须自带潜水设备和压缩空气瓶，这里不提供相关的租借服务。在这里你可以划船、跳水、潜水、欣赏海洋生物、钓鱼(当然在保护区范围以外)、风帆冲浪和游泳等。

评 价

鲨鱼岛位于澳大利亚西海岸尽头,被海岛和陆地所包围,以其中的三个无可比拟的风景名胜而著名。它拥有世界上最大的(占地4800平方千米)和最齐全的海洋植物标本。并拥有世界上数量最多的儒艮(海牛)和叠层石(与海藻同类,沿着土石堆生长,是世界上最古老的生存形式之一)。在鲨鱼岛,也保护着五种濒危哺乳动物免于灭绝。

——世界遗产评定委员会

赫德岛和麦克唐纳群岛

赫德岛和麦克唐纳群岛坐落在澳大利亚南部海域，离南极洲有1700千米，离佩思西南部的距离为4100千米。作为唯一靠近南极火山的岛屿，他们“在地球深处开了一扇窗户”，能够被用来观察地貌的发展过程和冰河动态。

介　绍

对赫德岛和麦克唐纳群岛的保护价值在于，由于没有受到外来动植物和人类对它的影响，它拥有地球上十分罕见的原始状态的岛屿生态系统。

赫德岛和麦克唐纳岛在1997年被联合国教科文组织作为自然遗产列入《世界遗产名录》。

赫德岛和麦克唐纳岛坐落在印度洋南部，距澳大利亚大陆西南部4100千米，距南极大陆北端1500千米，两岛间相距40千米，麦克唐纳岛坐落在赫德岛西部。两岛由石灰石和火山喷发物垒积而成。赫德岛的地形以山脉为主，还有小岛、礁石和岬，岛上五分之四的土地为冻土；麦克唐纳岛由众多小岩石岛构成，岛上土壤稀少。两岛气候为寒带海洋性气候，伴有强劲的西风。两岛的景色优美，是一处没有遭到人为破坏的地区，展示了生物和地理的发展过程。

赫德岛包括岛屿、海边的礁石和浅洲，以及周围22千米的地区。最高峰莫森峰，海拔2745米，是一处半径约十千米的活火山。麦克唐纳岛也是由于火山喷发而形成的。岛上气候寒冷而湿润，年温差在4℃

麦克唐纳群岛沿岸风光。

左右，冬季一般在0℃左右浮动。赫德岛西端2月份可达14℃，东端4月份可达21℃，6、8、9月份是气温最低的时候，温度最低可达-9℃。西风非常强劲，8月份是狂风肆虐的季节，西部阿特拉斯湾骤风风速的最高纪录是16米/秒。这里每年都有降雪，冬春两季降雪量最大。年均降雨量达1350毫米。

赫德岛和麦克唐纳岛是富有特色的南极小岛群，生长着原始的生物，虽然品种很少，但数量巨大。岛上有火山、冰河和喀斯特地形，海岸线地貌显著。相对于另外的南极群岛，岛上生态系统基本未受到影响，赫德岛是洞穴类海鸟的天堂，比如海燕。这里海鸟与哺乳类动物生活得十分快乐。

赫德岛在1833年由来自英格兰的捕猎者彼得·凯姆普发现，但最终约翰·赫德上尉在1853年被公认为是赫德岛的发现人，同时以他的名字来命名该岛。1855年—1880年海豹大猎捕期间，来自世界各地的捕捞船只在此进行一年或更长时间的逗留。1874年—1947年，有些科学考察队会在岛上做1~2天的短期停留，1955年澳大利亚的考察站建成以后，探险队会在此停留一年。

澳大利亚哺乳动物化石遗址

地处澳大利亚里弗斯利和纳拉库特的化石遗址向人们展示了古澳大利亚的气候与环境，充分显示出澳大利亚大约二千五百万年以来有袋动物的进化史，因此受到世界的瞩目，而且还在1994年被列入《世界遗产名录》。

介　绍

纳拉库特山洞洪积世的化石在1859年是一个叫泰内森的人首次披露给世人，他认为在澳大利亚找到了圣经里"大洪水"的证据。在英国和欧洲的当时正在进行着一场有关进化论和上帝创世论的激烈争论，此处化石遗址的发现引起了人们的关注。1980年斯特林教授讲述说从斯贝西蒙山洞发现了谜一般的有袋类"狮子"的遗骨，从而引起了科学组织的兴趣，而更深的研究却并没有进行。

1963年—1964,年南澳大利亚的洞穴探测组织在海斯泰山洞采集到早已灭绝的巨袋鼠三个亚科的52具化石,不久在佛克斯山洞发现了更多的化石,全部的化石都被保存在南澳大利亚博物馆里。这时古生物学者罗德·威尔士和洞穴探测组织的成员开始对岩洞实施更为细致的搜寻,希望能够发现更多化石。

1969年幸运之神来临了,卡特莱尔和威尔士发现了维克多利亚岩洞的扩展地带。他们穿过许多的山洞和山洞间通道,发现了一个有着数以万计的脊椎动物化石的山洞。现在这处遗址被称为化石洞。1971年发掘继续进行,加尔布里斯和瑞特在穿过离化石洞几百米远的狭小的通道时,发现了两处化石遗址,最后他们将这些发现在一本期刊中作了专门报道。

1969年下半年开始,在佛林德斯大学的学者罗德·威尔士的指导下对化石洞进行了发掘。罗德还邀请了当时在阿德莱德大学地理系的凯文教授一起进行地理探测,希望测出岩洞和化石的年龄,这项工作一直到现在还在进行。

1969年10月,在有关部门的干预下,纳拉库特岩洞和化石洞开始对外开放,而且还在1971年修建了通向岩洞的旅游路线,1975年重新给岩洞命名为维克多丽亚岩洞;1979年观光者中心与图书馆成

袋鼠——澳大利亚的代表动物。

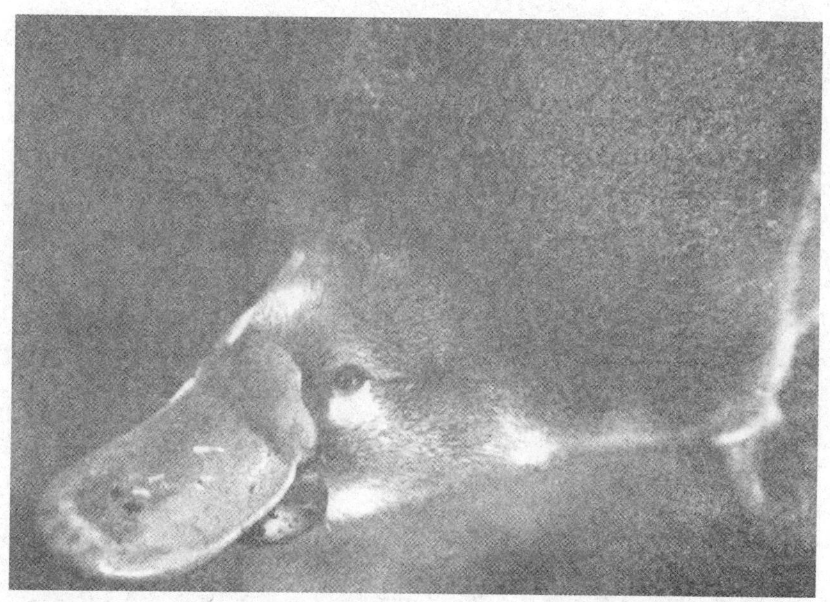

鸭嘴兽是现存最原始的哺乳动物。

立并对外开放。大约二十年的时间,从化石遗址发掘出来约一百三十八平方米的沉积物和骨头,大约五千吨重,化石洞占了百分之四。

现在已发掘了5200件馆藏品,与庞大的岩洞资源相比,这只是其中的一小部分。如果不是一小部分沉积物被从表层移走,岩洞可能仍然保持着它特有的古朴风貌。

维克多丽亚岩洞的脊椎动物化石不管是从含化石的沉积物上,还是从动物种类的多样性程度上来说,都称得上是澳大利亚最大、保存最为完好的化石遗址。

遗址群能够上溯到公元前28万年以前,提供了澳大利亚前欧洲时代和更新世晚期独一无二的有关环境和生态方面的记录,其中就有保存完好的澳大利亚冰河纪巨型动物(巨大的、已灭绝的哺乳动物、鸟类和爬行动物)的化石,而且还有一些近代生物的化石,像蝙蝠、蛇、鹦鹉、龟、老鼠、蜥蜴和青蛙等。化石还有一些保存完好的头盖骨,即使最纤细处也没被损坏。专家认为岩洞经过长年累月的积淀,最后沉积物挡住了它的入口。还有两处化石遗址从冰河期就没有人动过。其实所有已知岩洞化石遗址都经历了相似的形成过程。现在进行的发掘和研究体现出一些岩洞之间有着密切联系，其他一些也可能有某些联系，因此进一步研究取得突破的可能性非常大。

评 价

地处东澳大利亚北部和南部的里弗斯利和纳拉库特被列入世界十大化石景点之中。它们非常形象地给人们讲述澳大利亚珍稀动物群的各个进化阶段。

——世界遗产评定委员会